HEYNE FILMBIBLIOTHEK

W0057759

Die neuen
SEXGÖTTINNEN

von MEINOLF ZURHORST

Originalausgabe

WILHELM HEYNE VERLAG
MÜNCHEN

HEYNE FILMBIBLIOTHEK
32/148

Herausgeber: Bernhard Matt
Redaktion: Cornelia Zumkeller

Copyright © 1990 by Wilhelm Heyne Verlag GmbH & Co. KG, München
Umschlagfoto: Archiv Lothar Just, München
Rückseitenfoto: Interfoto, München
Innenfotos: Deutsches Institut für Filmkunde, Frankfurt;
Archiv Dr. Karkosch, Gilching; Bildarchiv Engelmeier, München;
Archiv Lothar Just, München; Interfoto München; Deutsche Kinemathek, Berlin;
Deutsche Presse Agentur, München, Archiv für Filmkunde e.V., Blum
Printed in Germany 1990
Umschlaggestaltung: Atelier Ingrid Schütz, München
Herstellung: Dieter Lidl
Satz: Satz & Repro Grieb, München
Druck und Verarbeitung: Ebner Ulm

ISBN 3-453-04129-1

Inhalt

Träume von Verführung und Erfüllung
Sexgöttinnen im Wandel der Zeit

Das Kino ist ein erotisches Medium. Es lädt ein zu Entdeckungen, macht Versprechungen, gibt Anregungen und reizt auf. Das Kino der westlichen Kulturwelt manifestiert sich als der Exhibitionismus der Sexualität. Die Erotik stellt dabei die treibende Kraft dar, sie ist die Sehnsucht nach der Sexualität. In der Geschichte des Films und der Gesellschaft vollzog sich dabei eine Wandlung von psychologischer zu biologischer Natur. Die Anziehungskraft des Kinos beruht aber nach wie vor auf seiner

Anonyme »Bathing Beauties« – erste Versuchungen für den Zuschauer. *Cleopatra* (1934) von Cecil B. DeMille.

7

Obsession des Begehrens. Der Zuschauer reagiert in seiner Haltung zum Film und dessen erotischen Charakter auf seinen individuellen Konflikt zwischen den eigenen Trieben und den gesellschaftlichen Tabus; die Sexualität im Film öffnet ein Ventil für soziale Frustrationen. Transportiert wird dieser gesellschaftliche Zustand permanenter sexueller Erregung in der Männerdomäne Film durch die Frau als Lustobjekt. Fast gleichzeitig mit der Erfindung des Kinos wurde auch die Sexgöttin geboren. Als deren erste Personifizierung gilt Theda Bara, die zugleich der erste Vamp des Films war. Sie setzte die Maßstäbe für ihre Nachfolgerinnen, verkörperte sie doch das, was eine ehrbare Frau – im Denken einer moralischen Gesellschaft – nie zu tun gewagt hätte. Sie stand für die dunkle Seite der menschlichen Natur, vor der die Frauen sich fürchten, während die Männer von ihr träumen. Die Sexualität als gemeinsames Bindeglied im Verhältnis der Geschlechter unterliegt dennoch einer öffentlichen Beurteilung und Zensur. Erst in den siebziger Jahren begann die Liberalisierung, die die Sexualität aus ihrer Verborgenheit hervorholte. Bis dahin symbolisierte die Erotik die Dualität von Anziehung und Gefahr. Die Frau war darin als das passive Objekt des männlichen Begehrens gefangen. Nur in jenem Spannungsfeld entfaltete sich ihre Wirkung als Sexgöttin. Ihre Reize allerdings unterlagen dem Wandel der Zeit.

Gemeinsam aber ist den Sexgöttinnen die spezielle Aura, auch das »gewisse Etwas« genannt. »Wer es hat«, schrieb Eleanor Glyn, »muß über jenen seltenen Magnetismus verfügen, der beide Geschlechter anzieht. Er (oder sie) darf sich dessen nicht bewußt sein, er (oder sie) muß natürliche Sicherheit besitzen, indifferent sein gegen die Wirkung, die er (oder sie) hervorruft, und unfähig, sich von anderen beeinflussen zu lassen. Er (oder sie) muß physisch attraktiv sein, ohne daß dazu Schönheit erforderlich wäre. Eitelkeit und Selbstbespiegelung sind die tödlichen Feinde des ›gewissen Etwas‹.« (In: Lo Duca, Die Erotik im Film, München 1970) Dieses »gewisse Etwas« ist charakterisiert durch eine bestimmte Unzähmbarkeit, seine erotische Komponente entsteht durch den Versuch der Zähmung: Sein Ausdruck findet sich in der Persönlichkeit der Darstellerin. Blicke, Körperhaltungen, Gesten definieren die

8

Jean Harlow – proletarischer Sex als Waffe im Geschlechterkampf.

Überzeugungskraft der erotischen Ausstrahlung. Das Gesicht, und nicht der Busen einer Sexgöttin manifestiert sich als Spiegel der Psyche und damit als Spiegel von Sehnsüchten und Trieben.

Der Blick ist es, der, wenn er den Zuschauer trifft, eine erotische Spannung erzeugt. Er kann verheißungsvoll sein, wollüstig, lasziv, anmachend, rein oder zärtlich. Auf jeden Fall ist er immer auffordernd – die Frau als Objekt wahrzunehmen.

Greta Garbo – die Göttliche. Symbol einer reinen, unnahbaren Erotik, entrückt von der Körperlichkeit der Sexualität.

Inkarnation sinnlicher Verführung. Marlene Dietrich und Gary Cooper in *Morocco*.

Die größten Stars, die erotischsten Sexgöttinnen der Filmgeschichte wurden zu Mythen. Die Gründe sind vielschichtig. Was die Blütezeit der Sexgöttin in den dreißiger Jahren betrifft, lag der Grund in der prüden Moral, nicht nur der amerikanischen Gesellschaft, sondern auch in Hollywoods Production Code. Nachdem konservative Vereinigungen sich über die, in ihren Augen, obszöne Laszivität und Sexualität auf der Leinwand erregt hatten, führte das Studiosystem das Hays Office ein, eine Art interner Zensurbehörde unter Leitung eines ehemaligen Postbeamten. Dabei waren es die Studiobosse gewesen, die erst die Sexgöttinnen kreiert hatten. Mit ihrem Instinkt wählten sie diejenige aus der Menge der anonymen »bathing beauties« aus,

11

die sich durch ihre Ausstrahlung von der Masse abhob. Die Filmmogule erkannten etwa die erotische Anziehungskraft einer Clara Bow, der als erste das »gewisse Etwas« attestiert wurde. Eine Sexgöttin, deren Erotik vor allem durch ihr aktives Begehren definiert wurde. Ihr Sex versprach Spaß und Erfüllung. Zwar blieb auch sie ein Produkt männlicher Vorstellungskraft, doch ihr raffiniert verhüllter Körper war Bestandteil einer Gesamtheit. Make-up wie Dekor trugen zu einem Lebensgefühl bei, in dem eine Einheit von Physis und Intellekt bestand. Die Sexualität war kein Zweck, sondern Dauerzustand. Der Alltag wurde zur Exotik verfremdet und dadurch erotisiert.

Mit dem Aufkommen der Massenmedien, mit dem Fall von Tabus und Geheimnissen, mit den Abbildern nackter Frauen auf jedem Titelblatt und Plakat wurde der gesellschaftliche Alltag dagegen sexualisiert. Der Eros erschien nicht mehr als Lebensgefühl, sondern er materialisierte sich als Zweck. Die Triebe können nun ausgelebt werden, doch die Sehnsüchte bleiben dabei auf der Strecke. Es gibt keine Studiomogule mehr, die den Stars ihre Aura bewahren. In der permanenten Konkurrenz von Äußerlichkeiten und in der Vielfalt an schönen Darstellerinnen, verliert das »gewisse Etwas« seine Besonderheit, nicht aber an Bedeutung.

Die dreißiger Jahre, in denen die Studiobosse die Stars machten und der Production Code die Darstellung von Erotik beeinflußte, präsentierten Sexsymbole wie Jean Harlow, Mae West oder Marlene Dietrich, die für den Besucher im Dunkel des Kinos einen Traum darstellten. Jean Harlow, die proletarische Sexbombe, demonstrierte einen offenen Sex. Direkt und ohne Umschweife kam sie zur Sache. Wenigstens deutete sie das an, denn sie vermittelte nur das Gefühl der erfüllten Sexualität, durfte es aber nie genießen. Die platinblonde Schönheit formulierte ihre erotischen Interesse klar und deutlich. Sie setzte bewußt ihren Körper als Waffe im Geschlechterkampf ein und ließ unter ihren fließenden Seidengewändern aufregende Formen erkennen. Das Geheimnis ihrer Erotik wie der der anderen war, es nie zum Letzten kommen zu lassen. Deshalb war sie Futter für die erotische Phantasie ihres Publikums, das sie wegen ihrer unmittelbar sinnlichen Ausstrahlung vergötterte.

Auch Marlene Dietrich war eine Inkarnation sinnlicher Verführung. Auch sie eine Göttin der Erotik. Eine Gefährtin des Mannes, dem sie, wie in *Morocco,* leidenschaftlich verfallen war und bis zur Selbstaufgabe folgte. »Ihr Name beginnt wie eine Liebkosung und endet wie ein Peitschenhieb«, schrieb Jean Cocteau an das erotische Idol, das trotz aller Weiblichkeit auch maskuline Züge hatte. »Die Federn und die Pelze, die Sie tragen, scheinen zu Ihrem Körper zu gehören wie die Felle zu den wilden Tieren und die Federn zu den Vögeln. Ihre Stimme und Ihre Blicke sind die der Lorelei. Aber Lorelei war gefährlich. Sie sind nicht gefährlich, denn das Geheimnis Ihrer Schönheit ist das Geheimnis Ihres Herzens.« Doch Marlene Dietrich war

Marlene Dietrich – der Vamp schlechthin: »Ich bin von Kopf bis Fuß auf Liebe eingestellt«. *Der blaue Engel.*

13

auch der männervernichtende Vamp. In *Der blaue Engel* verdrehte sie dem spießigen Lehrer derart den Kopf, daß er am Ende ein gebrochener Mann ist. »Ich bin von Kopf bis Fuß auf Liebe eingestellt«, sang sie mit ihrer rauchigen Stimme, deren Vibrato so erotisch klang. Ihre glamouröse Erscheinung machte sie zu einem Mythos, dem Mythos der immerwährenden göttlichen Verführung.

Ganz anders Mae West, deren füllige Figur sich unter Kostümen des 19. Jahrhunderts verbarg. Sie war eine Art erotisches Gesamtkunstwerk, das die Männer nach dem Versprechen ihrer sexuellen Potenz musterte und auswählte. Ihre Erotik war vor allem verbal und direkt und stand in einem faszinierenden Gegensatz zu ihren langsamen Bewegungen, die nicht unbe-dingt auffordernden Charakter besaßen. Dennoch provozierte sie mit ihren anzüglichen Dialogen – häufig von ihr selbst verfaßt – die Tugendwächter derart, daß die sie gar einmal ins Gefängnis steckten. »Warum sollte ich heiraten?«, sagte sie in einem ihrer Texte. »Das würde nur meinen liebsten Zeitvertreib stören.«

Mae West, mit ihren plüschigen Kleidern und den Federboas, war schon zu Lebzeiten eine Legende. Sie selbst gab offen zu, etwa statt eines einzelnen Football-Spielers lieber dessen ge-samte Mannschaft bei sich zu Hause zu empfangen. Die Verehrung für sie kannte keine Grenzen. Mae West, das war die Sexbombe im wahrsten Sinne des Wortes. Die Piloten des Zweiten Weltkriegs benannten nach ihr sogar ihre Fliegerwe-sten. Sie war aber auch eine Göttin, die von den Männer begehrt wurde und die Sex als mystisches Erlebnis verhieß.

Eine Sexbombe war auch Rita Hayworth in den vierziger Jahren. Die Piloten jenes Flugzeugs, aus dem die Atombombe über Hiroshima abgeworfen wurde, schmückten ihr Kriegsgerät mit ihrem Konterfei. Zur erotischen Ikone strahlender Schönheit wurde sie vor allem durch eine Szene in dem düsteren Melodram *Gilda*. In einer finsteren Bar trägt sie einen Song mit rauchiger Stimme und lasziven Bewegungen vor und streift sich dabei langsam einen Handschuh vom Arm. Die Szene wurde zum Inbegriff der Erotik. Selten gab es eine direktere Einladung zum Sex als hier. Der Zuschauer war aufgefordert, den Strip-tease, den sie andeutete, im Geiste zu Ende zu führen. Es zeige

14

Die erotische Sensation vollendet sich in der Phantasie des Zuschauers. Sexgöttin Rita Hayworth in *Gilda*.

sich, daß dazu keine Nacktheit gehören mußte. Denn Nacktheit provoziert beim Zuschauer keine erotischen Gefühle, sondern befriedigt allein seinen Voyeurismus. Das langsame Abstreifen eines Handschuhs aber verspricht eine erotische Sensation, die sich allein in der Phantasie des Betrachters und nicht auf der

Leinwand erfüllt. Rita Hayworth war eines der populärsten Sexidole der vierziger Jahre. Als Pin-up hing sie in den Spinden Tausender von Soldaten. Es herrschte Krieg und die amerikanischen Männer kämpften in Asien und Europa. Rita Hayworth und andere Pin-up-Idole, die saubere Betty Grable etwa oder das Busenwunder Jane Russell, versinnbildlichten die Sehnsucht nach starken, sexuell eruptiven Frauen. Der morbide Reiz des Krieges fand in den lasziven Sirenen des Kinos seine Entsprechung. Für ein »Pullover-Girl« wie Lana Turner genügte schon die Kleidung, um als Sexsymbol Karriere zu machen. Gemeinsam aber war ihnen allen, daß sie mehr verhüllten als offenlegten.

Denn nackte Tatsachen interessierten niemanden. Ihre erotische Ausstrahlung bestand darin, ein sexuelles Verlangen hervorzurufen, den entscheidenden Moment aber bis über das Filmende hinauszuzögern. Ihre Aura als Sexsymbol zeichnete sich dadurch aus, eine Spannung zu erzeugen zwischen dem Verlangen und dem Wissen darum, daß bei seiner Erfüllung eben dieses Verlangen sich auflösen würde. Und sie besaßen eben auch das »gewisse Etwas«, das aus einer Schauspielerin einen Star macht. »Warum ist der eine zum Star auserkoren, während andere es nicht sind?«, fragte Siegfried Kracauer in seiner »Theorie des Films« und versuchte eine Antwort: »Offenbar ist etwas am Gang der Stars, seiner Gesichtsform, seiner Art zu reagieren und zu sprechen, was die Massen der Kinobesucher so unwiderstehlich anzieht, daß sie ihn immer wieder sehen wollten, oft für eine beträchtliche Zeit. Es ist logisch, daß seine Rollen dem Star auf den Leib geschrieben werden. Der Zauber, den er auf das Publikum ausübt, kann nur so erklärt werden, daß seine Erscheinung auf der Leinwand Kollektiv-Sehnsüchte des Augenblicks befriedigt – Sehnsüchte, die irgendwie mit den Lebensformen in Verbindung stehen, welche er darstellt oder suggeriert.«

Stars wie Sophia Loren, Sylvana Mangano, Gina Lollobrigida oder die übertriebene Anita Ekberg, vor allem aber Marilyn Monroe, waren voluptöse Figuren. Sie beherrschten den Mann und prägten seine erotischen Phantasien. Marilyn Monroe wurde in den fünfziger Jahren zum Sinnbild der allzeit verfügba-

16

ren Sexbombe. Ihre persönliche Tragik dabei war, daß man die Einschätzung ihrer Rollenfiguren – blond, dumm, allzeit bereit – auf sie selbst bezog. Ihr Selbstmord schien all den moralischen Heuchlern recht zu geben, die in ihrem blonden Haar, den aufregenden Kurven, dem roten Schmollmund und der sensitiven Laszivität ihres Verhaltens Verderbtheit sahen, den Verfall der Sitten. Ihr Tod war die Strafe für die Sünde des Fleisches, die sich in ihr personifizierte. Doch, dem Kino sei Dank, die Sünde existiert weiter.

Sylvana Mangano prägte die erotischen Phantasien des nüchternen italienischen Neorealismus. *Riso amaro.*

17

Marilyn Monroe war einzigartig in ihrer Zeit, die nach dem Krieg immer stärker in Konventionen befangen war. Ihre Erscheinung fuhr wie ein Blitz in verkrustete Moralvorstellungen und füllte sie aus mit Sex, Intelligenz und Humor. Vor allem ihr Sexappeal war es, der sie zur Leinwandgöttin machte. Wie keine andere verstand sie es, mit einer Mischung aus Unschuld und Kalkül den Männern so den Kopf zu verdrehen, daß sie am Ende nur noch wie Tölpel wirkten. Sie verkörperte das schlechte Gewissen einer Nation, die den eigenen Sexus nicht wahrhaben wollte und sich stattdessen keimfreie Träume in Gestalt einer Doris Day leistete. Vergleicht man den Habitus beider Darstellerinnen, wird deutlich, worin die Gefahr für die Gesellschaft durch Marilyn lag. Allein ihr provozierender Gang, der Kuß, den sie mit ihren Lippen dem Zuschauer zuwarf, konnte die Temperaturen im dunklen Kino auf den Siedepunkt bringen. Doch Marilyn Monroe war auch das Relikt einer vergangenen Epoche. Ihre berühmte Aktaufnahme auf rotem Samt war schnell eines der meistverbreiteten Pin-ups geworden. Ihre allgemeine Verfügbarkeit war in eine greifbare Nähe gerückt, die Aura des Geheimnisvollen verlor sich auf den Spindtüren. Marilyn Monroe machte deutlich, daß eine Sexgöttin im Zeitalter der Massenmedien an Wirkung einbüßte. Das mußte auch Brigitte Bardot erleben, die in Europa die unumstrittene Herrscherin unter den Sexsymbolen war.

Angefangen hatte sie als moderne Lolita, doch berühmt wurde sie durch den symptomatischen Titel *Et Dieu Créa la Femme* (Und immer lockt das Weib, 1956), wobei wir wissen, daß Gott männlich ist. »Zur Hauptsache die Schaustellung eines tierhaft ungebundenen Mädchens«, ließ die deutsche katholische Filmkritik dazu verlauten, »dem es auch in der Ehe nicht gelingt, seine verführerische Wirkung auf die Männer einzudämmen.« Gottlob, möchte man meinen, denn Brigitte Bardot wurde zum Sexsymbol schlechthin, ein Mythos der Verführung, deren Erfolg auch international war. Angeblich trugen die Verkaufserfolge ihrer Filme mehr zu den französischen Exporterlösen bei als der Automobilhersteller Renault. Brigitte Bardot, das »Gänseblümchen«, das sich »entblättert«, wie einer ihrer Filme suggerierte, markierte den Übergang zu mehr Freizügigkeit

Wie ein Blitz in verkrustete Moralvorstellungen. Marilyn Monroe verdrehte mit einer Mischung aus Unschuld und Kalkül den Männern den Kopf. *The Seventh Year Itch.*

unter den Sexgöttinnen. Ihr Schmollmund, ihre wilden blonden Haare, die mandelförmigen großen Augen mit dem verschmitzten Blick und ihr üppiger Körper verhießen ekstatische Sexualität. Nicht mehr die Kunst der Verführung bildete ihre Aura,

19

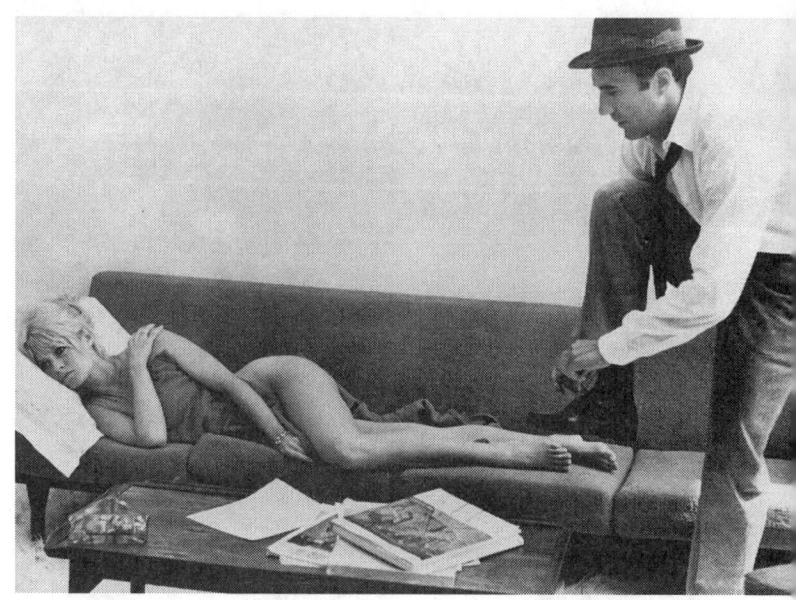

Immer wieder lockt das Weib den Mann. Brigitte Bardot pflegte die Kunst des Entblätterns. Mit Michel Piccoli in *Le mepris*.

sondern die des raffinierten Entblätterns, gepaart mit einer natürlichen Unbekümmertheit, die sie zum erotischen Wunschtraum mit dem Flair des Mädchens von nebenan werden ließen. Ihr Geheimnis lag in ihrer Geheimnislosigkeit. Sie war die ideale Projektionsfläche für erotische Wunschträume, die mit jedem ihrer besseren Filme neue Gestalt annahmen.

1966 wurde in den USA der Hays Code aufgegeben, nachdem er mehr als dreißig Jahre lang dazu beigetragen hatte, bestimmte Stars zu Sexsymbolen zu machen. Die sexuelle Revolution, die sich in den sechziger Jahren ereignete, hatte vor allem ein Ergebnis. Im Kino fielen die Hüllen auf breiter Front. Nacktheit wurde zum Kinoalltag. Geheimnisse gab es nicht mehr und auch die Tabus verloren an Bedeutung. Das Fernsehen und – später – der Video-Recorder machten die Stars zudem zu jeder Zeit verfügbar, holte sie ins heimische Wohnzimmer. Träume konnten da nicht mehr entstehen. Die neuen Sexgöttinnen sind daher meist sehr irdischer Natur. Bei ihnen gibt es kaum noch Entdeckungen zu machen, Geheimnisse zu verfolgen. Den Filmen der achtziger Jahre fehlte die Romantik, das Gefühl. »In *9½ Weeks* fallen Mickey Rourke und Kim Basinger ins Bett, nicht in die Liebe. Ja, es gibt eine Chemie zwischen ihnen, aber diese Energie ist nuklear und nicht elektrisch«, schrieb die amerikanische Regisseurin Julia Cameron. (In: American Film, April 1989). Dennoch, auch heute gibt es, zwar nur noch vereinzelt, wieder Sexgöttinnen mit einer wahrhaft erotischen Ausstrahlung. Vielleicht, weil die gesellschaftliche Entwicklung alles zu öffentlich gemacht hat. So kann wieder Sehnsucht entstehen – nach den verhüllten Geheimnissen des Eros. Den Schauspielerinnen, die dazu beigetragen haben oder dies noch tun, ist dieses Buch gewidmet.

Isabelle Adjani
Unterkühlte Leidenschaft

In Frankreich ist sie nahezu ohne Konkurrenz. Isabelle Adjani, dunkle Haare, blaue Augen, roter Schmollmund, ist *die* Traumfrau des französischen Films. Neben ihr gibt es nur noch eine, die wie sie die Gemüter bewegt: Cathérine Deneuve.

Die Kritiker sehen in Isabelle Adjanis darstellerischer Präsenz die »aggressivste Erotik seit der Bardot«. Dabei entsteht auf der Leinwand eine Erotik, die mit tiefen Dekolletés oder gar blanken Busen nichts zu tun hat. Die Adjani verkörpert vielmehr eine Erotik, die sich aus ihrer Leidenschaftlichkeit, aus der passionierten Identifikation mit ihren Rollen speist. Immer wieder verschmilzt sie mit ihren Filmfiguren, von denen jede neue völlig anders als die vorhergehende ist. Gemeinsam ist ihnen dabei fast immer der Weg in den Wahnsinn, in die Isolation. Ihr Handeln wird nicht durch den Intellekt bestimmt, sondern durch ihre Gefühle, deren Intensität sich in den faszinierenden Augen der Adjani widerspiegelt. François Truffaut, der ihr mit seinem Film *L'histoire d'Adèle H.* 1975 die Welt des Kinos zu Füßen legte, fand, sie sei zu groß für Frankreich. Erst Hollywood könne ihr den ihr gebührenden Platz einräumen. So schwärmte denn auch das »Time«-Magazin in einer Titelgeschichte von der Adjani als der Nachfolgerin der Garbo, deren Feuer sie geerbt habe, der Dietrich, deren Eiseskühle sie aufweise, und der Bergman, deren zarte Verletzlichkeit sie in sich berge. »Ihr Gesicht«, so der Kritiker, »ist eine Kreation aus Porzellan und Schatten, überstäubt mit Rosen.« Isabelle Adjani wurde von Hollywood zwar nicht geliebt und vor allem nicht verstanden, wie ihre beiden US-Filme *The Driver* (1978) und *Ishtar* (1987) zeigen, doch wie nur wenigen schlägt ihr eine ins Mythische reichende Verehrung entgegen, die ihre Auftritte zu Erscheinungen einer Lichtgestalt stilisiert.

Isabelle Yasmine Adjani wurde 1955 in dem Pariser Arbeitervorort Gennevilliers als Tochter eines algerischen Immigranten und einer bayerischen Mutter geboren. Beide Elternteile waren von

Tiefen Einblick gewährt Isabelle Adjani in *L'été meurtrier.*

ihrer Abstammung her Außenseiter und krankhaft bemüht, ihre Herkunft vergessen zu machen. Bereits mit vierzehn wurde »la petite Isabelle« für den Film entdeckt, doch schlug sie zunächst eine Theaterkarriere ein. Der Regisseur und Schauspieler Robert Hossein besetzte sie in der Hauptrolle von Garcia Lorcas »Bernarda Albas Haus«, wo sie derart reussierte, daß Frankreichs Theater-Institution, die Comédie Française die damals Siebzehnjährige engagierte. Eine Sensation. Ohne Schauspielausbildung, dazu noch ein Teenager und dann gleich für einen Bühnenklassiker wie Molières »Schule der Frauen«. Zwei Jahre wurde sie von der Theatergemeinde enthusiastisch gefeiert und bewundert, ein privilegienreicher Vertrag mit zwanzig Jahren Laufzeit wurde ihr angeboten, doch Isabelle Adjani wechselte von den Brettern, die die Welt bedeuten, vor die Linse der

23

Kameras. »Ich habe mein Noviziat absolviert, aber ich will nicht ins Kloster eintreten«, soll sie zu ihrer sensationellen Entscheidung geäußert haben.

François Truffaut war es, der sie zu diesem Schritt bewogen hatte. Er wußte, welches Potential in der Darstellerin seiner Adèle H. ruhte, und er war der erste, der es sichtbar machte. Über Nacht war damals ein neuer Star geboren. Eine mysteriöse junge Frau, die brennendes Verlangen verkörperte, darin Wahnsinn aufblitzen ließ und doch die Gefühle der Zuschauer aufrührte. Das Geheimnisvolle, die erotisierende Leidenschaftlichkeit der Adèle H. fand eine Fortsetzung in dem Thriller *Barocco* (1976), in dem sie den Mörder ihres Geliebten sucht und findet und ihn zu einer Reinkarnation des Ermordeten umgestaltet. Ihre kühle Unnahbarkeit, auch in dem Krimi *The Driver* (1976) vorgeführt, verspricht dabei eine sensuelle Erfüllung, die das Hollywood-Kino mit seinem Etikett »Ice Lady« nicht wahrnahm. Dennoch – auch in Frankreich galt die unnahbar wirkende Adjani als puritanische Erscheinung. Ein Image, das sie aus Respekt vor ihrem Vater aufrechterhielt und dem sie erst nach dessen Tod entgegentrat.

1980 hatte sie in *Possession* unter der Regie des als Skandalregisseur gerühmten Andrzej Zulawski die Geliebte eines krakenartigen Monsters gespielt, eine extreme Rolle, in der sie erstmals ihre puritanische Zugeknöpftheit offenherzigeren Posen opferte. Doch wieder einmal verkörperte sie hier eine Figur, die von wahnsinniger Leidenschaft besessen ist und darüber zur Mörderin wird. Mit den Leichen füttert sie ihren Monster-Liebhaber. Immerhin, der etwas abstruse Film brachte ihr eine »Goldene Palme« in Cannes und den »César« ein. Gleichermaßen etablierte sie sich als Schauspielerin mit extremer Ausdrucksfähigkeit und schrankenlosem Offenbarungswillen wie auch als erotischer Wunschtraum des französischen Films, in dem recht häufig die Hüllen auf sterile Weise fallen.

1982 ging Isabelle Adjani einen Schritt weiter und wurde dafür erneut mit einem »César« belohnt. In dem Thriller *L'été meurtrier* war sie in mehreren Szenen völlig unbekleidet zu sehen. Mehr als eine Million Kinozuschauer zog es allein in Paris in die Lichtspieltheater. »La petite Isabelle« schien erwachsen geworden zu sein, eine schöne junge Frau mit einem aufregenden Körper. Lange hatte sie gezögert, eine derart offenherzige Rolle zu spielen, sich den Blicken so unverhüllt preiszugeben, ihre Unnahbarkeit penetrieren zu lassen, doch die Rolle verlangte es, wenngleich die Spekulation des Regisseurs Jean Becker, seinen Star in Posen vorzuführen, schon ersichtlich wurde.

Schauplatz der Geschichte, die auf dem gleichnamigen Roman von Sebastien Japrisot beruht, ist ein südfranzösisches Dorf. Eliane gilt als leichtes Mädchen, wie sie da, ihre Hüften in leichten Sommerkleidern schwingend, durch die Straßen geht. Jeder will was mit ihr gehabt haben. Auch Pinpon (Alain Souchon), ein sympathischer Einfaltspinsel, träumt von der aufreizend Schönen, Tochter einer Deutschen (!), deren merk-

Der Schmollmund wurde zum Markenzeichen. *L'été meurtrier.*

würdiges Verhalten keiner so recht versteht. Eliane wirkt herausfordernd mit ihrem aufreizendem Gang, ihren tiefen Blicken und Dekolletés. Sie setzt sich den Blicken des ganzen Dorfes aus, lüstern die Männer, empört die Frauen, wenn sie provozierend langsam durchs Dorf schreitet oder herausfordernd tanzt. Pinpon hat sich gleich in sie verliebt, doch fehlt ihm der Mut, sie anzusprechen. Sein Bruder macht bei einem Tanzabend Eliane auf ihn aufmerksam. Unter ihrem langen, tiefen Blick, dessen Intensität einer Musterung gleichkommt, wendet Pinpon sich verlegen ab. Schließlich kommt Eliane auf ihn zu. »Tanzen?«, fragt er unbeholfen. »Was hätten Sie sonst vorzuschlagen«, antwortet ihm Eliane schnippisch. »Kopfstand machen?« Es herrscht eine große Schwüle in der Disko, in der Eliane leichtbekleidet ihren wohlgeformten Körper im Rhythmus der Musik aufreizend bewegt. Manchmal wirkt sie dabei unschuldig, doch dann wird immer ihr Kalkül erkennbar.

Nach und nach erfahren wir Elianes Geschichte. Sie ist das Kind eines Unbekannten, der ihre Mutter vergewaltigt hat. Eliane will sich rächen, will eine Absolution für die eigene Existenz. Ein elektrisches Klavier spielt in dem Fall eine Rolle. Es steht in Pinpons Scheune und gehörte dessen Vater.

Eliane zieht zu Pinpon, um dessen Familie ins Unglück zu stürzen. Während Pinpons Brüder sie mögen, lehnt seine Mutter sie ab. Provozierend bewegt Elianes sich nackt durchs Haus, setzt sich auf den Hof, verhält sich natürlich und nuttenhaft zugleich. Durch Pinpons taube Tante erhält sie einen Hinweis auf die Männer, die in der Nacht der Vergewaltigung ihrer Mutter das Klavier lieferten. Unmittelbar nach ihrer Hochzeit arbeitet sie an der Falle für die mutmaßlichen Täter. Sie gibt sich als Lehrerin aus, die eine Wohnung sucht. Einer der Männer von damals ist nämlich Makler, ein anderer Sägewerksbesitzer. Die Wohnung, in die sie die beiden locken will, soll zur Todesfalle werden. Ihrer früheren Lehrerin gegenüber, mit der sie ein Liebesverhältnis hat und der sie sich in Strapsen zeigt, erzählt sie eine Lügengeschichte über Erpressung und Zwang zur Prostitution. Sie gibt ihr einen Brief, der Pinpon über die (vermeintliche) Wahrheit aufklärt, falls ihr etwas widerfahren sollte. Eliane erweist sich in diesen Szenen als eiskalt und

26

Schönheit schützt vor Zugriff nicht. *L'été meurtrier.*

raffiniert planend. Sie benutzt die Menschen wie Marionetten. Doch die Wahrheit lautet anders. Die mutmaßlichen Vergewaltiger haben für jene Nacht ein Alibi. Durch Zufall erfährt sie davon während eines Radrennens, in dem ihr Schwager fährt. Danach ist Eliane völlig verwirrt. Sie sucht ihren Stiefvater auf, den sie als Jugendliche zum Krüppel geschlagen hatte, weil sie sich von ihm bedroht fühlte. Er beichtet ihr die Wahrheit. Jahrelang hatte er nach den Vergewaltigern seiner Frau gesucht und sie dann, als er sie schließlich gefunden hatte, umgebracht. Elianes Suche war von vorneherein umsonst. Eine Welt bricht für sie zusammen. Sie versinkt in Apathie und landet in einer Nervenklinik. Der schockierte Pinpon erhält von der Lehrerin den Brief und wird von ihm auf die von Eliane gelegte, falsche Spur gelenkt.

27

Entschlossen und wütend sucht er die vermeintlichen Vergewaltiger auf und erschießt sie.

L'été meurtrier zeigte eine verwandelte Isabelle Adjani. Sie wirkt – im Vergleich zu ihren vorherigen Filmen – wie befreit. Was sich nicht nur äußerlich darin ausdrückte, daß sie in einigen Szenen völlig unbekleidet vor der Kamera spazierte. Ihr Spiel zeichnet sich durch Lässigkeit und abrupte Stimmungswechsel aus. Mal ist sie schnippisch, dann kokett. Dann ist sie plötzlich und überraschend traurig und weint, nur um im nächsten Augenblick wütend zu werden. Sie verkörpert einen erotischen Traum, aufreizend und naiv, gefährlich und sinnlich, dabei gleichermaßen unnahbar wie nah. »La petite Isabelle«, der Liebling der Nation, war irdisch geworden. Eine junge Frau, deren erotische Ausstrahlung trotz aller Offenheit ihre Geheimnisse barg.

Mit dem im gleichen Jahr entstandenen Thriller *Mortelle randonnée* zeigte sie aber, daß ihre Geheimnisse größer sind als ihre Offenbarungen. In dem Film von Claude Miller spielt sie eine junge Frau, die das Objekt eines Detektives wird, der in sie seine unbekannte Tochter hineinprojiziert. Doch die von Isabelle Adjani verkörperte Figur ist alles andere als eine Unschuld. Vielmehr entpuppt sie sich als männermordender Vamp, der den Detektiv zum Komplizen ihrer Verbrechen macht. Immer wieder schlüpft sie dabei in neue Rollen und Verkleidungen. Mondän, unschuldig, eiskalt, verzweifelt, besessen, raffiniert, verführerisch – Isabelle Adjani führt einen Stimmungsreigen vor, dessen permanente Brechungen für anhaltende Faszination sorgen. Geschickt verstand es Miller, die makellose Erscheinung seines Stars, in ihrer Bleichheit manchmal überirdisch wirkend und in ihrer Jugendlichkeit sympathieheischend, zu kontrastieren mit der kühlen Brutalität ihrer Handlungen. Habgier ist da gepaart mit Verzweiflung – auch hier das Motiv des unbekannten Vaters – und einer kalkulierten Erotik, die den Körper als Netz benutzt, in dem sich die Männer, auch eine Frau, verfangen und sterben. Wer immer da glaubt, die Figuren der Isabelle Adjani beschützen zu müssen und beherrschen zu wollen, unterliegt einem Irrtum. Vorschnellen, einseitigen Festlegungen widersetzt sie sich. Das gilt auch für die wenigen Filme, die seit 1983 gedreht wurden.

28

Haltung, Blick und lange Beine. Isabelle Adjani regt Männerwünsche an. *L'été meurtrier.*

Abgesehen von ihrem mißglückten zweiten Ausflug ins US-Kino, wo sie neben Warren Beatty und Dustin Hoffman in dem Megaflop *Ishtar* (1987) mitwirkte und als Araberin verschleiert durch die Wüste schritt, spielte sie in *Subway* (1985) und vor allem in *Camille Claudel* (1989) schillernd vielschichtige Charaktere, die von ihrer darstellerischen Ausdrucksvielfalt zeugten. *Camille Claudel*, die authentische Geschichte der Bildhauerin und zeitweiligen Geliebten Auguste Rodins, die nach dem Bruch mit dem berühmtesten Bildhauer seiner Zeit in einer Nervenheilanstalt landete, zeigte nicht nur Isabelle Adjanis Vorliebe für Charaktere, die von einer Leidenschaft in den Wahnsinn getrieben werden, sondern war auch ihr bis dahin persönlichstes und ambitioniertestes Projekt. Jahrelang kämpfte sie um die Filmrechte, engagierte als ihre eigene Produzentin den Kameramann und Vater ihres Sohnes, Bruno Nuytten, für die Regie und ertrotzte sich so einige »Césars« und den »Silbernen Bären« der Berliner Filmfestspiele. Aus Isabelle Adjani, der unnahbaren Schönen, die viel mehr darstellt als nur große Augen und Schmollmund, ist endgültig eine der großen Schauspielerinnen ihrer Zeit geworden. Daran haben sie auch Mißerfolge wie ihr versuchtes Theater-Comeback oder eine unschöne Zeitungskampagne, die ihre selbstgewählte, zeitweilige Abwesenheit von der Leinwand der Immunschwäche Aids zuschrieb, nicht hindern können. Gerade ein solches Erlebnis hat sie stark gemacht. Als Tochter eines Algeriers bekennt sie sich zu ihrer Herkunft und widerspricht in aller Öffentlichkeit dem in Frankreich neu erstarkten Rassismus gerade Nordafrikanern gegenüber. Dadurch wurde sie zu einem Idol, das über die Leinwand hinaus wirkt und dessen Faszination mehr ausmacht als nur Erotik.

Filme

1974
La gifle (Die Ohrfeige)
Regie: Claude Zidi, mit Lino Ventura, Annie Girardot

1975
L'histoire d'Adèle H. (Die Geschichte der Adèle H.)
Regie: François Truffaut
Le locataire (Der Mieter)
Regie: Roman Polanski, mit Roman Polanski

1976
Barocco (Mord um Macht)
Regie: André Téchiné, mit Gérard Depardieu

1978
The Driver (Driver)
Regie: Walter Hill, mit Bruce Dern
Nosferatu – Phantom der Nacht
Regie: Werner Herzog, mit Klaus Kinski

1980
Possession (Possession)
Regie: Andrzej Zulawski, mit Sam Neill

1983
Mortelle randonnée (Das Auge)
Regie: Claude Miller, mit Michel Serrault
L'été meurtrier (Ein mörderischer Sommer)
Regie: Jean Becker, mit Alain Souchon

1985
Subway (Subway)
Regie: Luc Besson, mit Christophe Lambert

1988
Camille Claudel (Camille Claudel)
Regie: Bruno Nuytten, mit Gérard Depardieu

Ellen Barkin
Diebische Verführerin

Kleine Augen, eine flache, fast platte Nase, ein schräger Mund, ein schiefes Grinsen – sieht so ein Sexsymbol aus? Die Antwort lautet: Ja! Ellen Barkin heißt sie und gilt als eine der neuen »Femmes fatales« des Hollywood-Kinos. »Schärfer als die kreolische Küche«, schwärmte ein Kritiker angesichts ihres Auftritts in *The Big Easy*, der Film, der ihr Image als hinreißend schräge Verführerin kreierte. Ellen Barkin ist wahrlich kein Darstellertyp, der durch sein perfektes Äußeres sexy wirkt, wenngleich auch da die Meinungen auseinandergehen dürften. Eindeutig aber ist der Konsens über ihre erotische Ausstrahlung, die wahrlich einzigartig im Kino der achtziger und neunziger Jahre ist.

Es ist eine Mischung aus Vulgarität und Verderbtheit, durch die ihre erotische Wirkung charakterisiert wird. Sie erzeugt keine Beschützergefühle, sondern verspricht eine verbotene, leicht perverse Sexualität. Sie verspricht puren Sex. Der vulgäre Eindruck, den sie dabei erzeugt, hat nichts zu tun mit der Vulgarität etwa einer Prostituierten. Zwar erweckt sie den Eindruck, für Männer keine Respektperson darzustellen, etwa auch Schläge als schicksalhaft hinzunehmen oder gar zu genießen, doch in Wirklichkeit versteckt sich hinter ihrer zierlichen Erscheinung eine starke Persönlichkeit. Diese Stärke drückt sich vor allem durch eine leise Ironie aus, die in ihrem Lächeln oder ihrem unglaublich schiefen Grinsen sichtbar wird. Auch ihr blasser Teint und ihr blondes, zerzaustes Haar wirken nicht wie die äußerlichen Attribute eines Stars. Sie besitzt keine Schönheit im traditionellen Verständnis von ebenmäßigen Formen und Maßen. Zum erotischen Symbol wird Ellen Barkin allein durch ihre Präsenz. So unterschiedliche Rollen sie auch spielt, gemeinsam ist ihnen die ebenso dynamische wie verletzliche Erscheinung von Ellen Barkin.

1956 wurde sie als Tochter eines Chemie-Vertreters und einer Krankenhausangestellten in New York geboren. Bereits im

Schräger Charme und verbotene Sexualität – Ellen Barkin in typischer Verführungspose.

Alter von fünfzehn Jahren akzeptierte man sie auf der High School of the Performing Arts, einer renommierten Schauspielschule, auf der sie ihre erste Ausbildung erhielt. Drei Jahre später wechselte Ellen Barkin dann auf ein College, wo sie weiter

33

Schauspielkurse besuchte. Erst nach ihrem Schulabschluß entschied sie sich, wirklich den Beruf einer Schauspielerin zu ergreifen. Während ihres Studiums bei ihrer exzellenten Lehrerin Marsha Haufreucht mußte sie noch als Kellnerin arbeiten, bevor dann erste Engagements am Off-Broadway folgten. Schnell stellte sich ein mittlerer Erfolg ein. Rollen in Fernsehserien und -filmen schlossen sich an, die Hauptrolle in einer Broadway-Produktion zeichnete sich ab. Da war sie bereits 26, für eine Anfängerin eigentlich ein fortgeschrittenes Alter. Doch was sie vor vielen anderen, meist jüngeren Debütantinnen auszeichnete, die häufig allein durch ihre makellose Erscheinung wirken, war ihre darstellerische Reife, die sie bis heute auch bei gelegentlichen Bühnenauftritten unter Beweis stellt.

Barry Levinson besetzte sie in seinem kleinen Meisterwerk *Diner*, der das Schicksal einer Gruppe von Freunden im Baltimore der ausgehenden fünfziger Jahre zeichnet. Ellen Barkin spielt die blonde Beth, frustrierte Ehefrau eines dieser Freunde, die sich in den unkonventionellen Frauenliebling Boogie (Mickey Rourke) verliebt. Der aber benutzt sie nur, um sie seinen Freunden als seine neueste Eroberung vorzuführen. Im letzten Moment befallen ihn Skrupel und er erzählt der mit einer blonden Perücke ausstaffierten Beth die Wahrheit über sein Vorhaben. Beth zieht gedemütigt von dannen. In einem reinen Männerfilm hatte Ellen Barkin – darin teilt sie das Schicksal fast aller ihrer Kolleginnen – wenig Gelegenheit, ihrer Rollenfigur eine Persönlichkeit zu verleihen. Dennoch war sie die einzige unter den weiblichen Darstellerinnen, die einen eigenständigen Charakter entwickelte. Sie ist hier nicht das Objekt eines sexuellen Traums, sondern das unscheinbare Opfer männlicher Gelüste. Dem hat sie wenig entgegenzusetzen, nur ihre Enttäuschung, die sich in ihrer entmutigten Körperhaltung ausdrückt. Doch bei diesem ersten Zusammentreffen mit Mickey Rourke, dessen Image als männliches Sexsymbol sich langsam bildete, konnte man eine erotische Faszination spüren, die Jahre später, in dem Gangsterfilm *Johnny Handsome*, in dem sie eine eiskalt verführerische Killerin verkörperte, ihren tödlichen Ausgang hatte. Ellen Barkins Karriere aber fand von nun im Kino statt. In schneller Folge wirkte sie in den unterschiedlichsten Filmen mit, in denen sie ebenso unterschiedliche Rollen spielte.

In dem Oscar-preisgekrönten *Tender Mercies* war sie die Tochter von Robert Duvall, in *Daniel* die junge Ehefrau von Timothy

Vom Mann geliebt. *Siesta.*

35

Hutton, in *Eddie and the Cruisers* eine Fernsehreporterin auf der Suche nach der großen Story, in *Harry and Son* an der Seite von Paul Newman und in *Desert Blooms* die Schwägerin von Jon Voight. Nebenrollen, die wenig Sexappeal von ihr verlangten, sie aber mit einer Reihe großer Schauspieler zusammenbrachten und eines andeuteten: Ellen Barkin benötigt einen überzeugenden männlichen Gegenpart.

Ihr Kurzauftritt in Jim Jarmush's *Down by Law* ließ bereits ihre verruchte, erotische Ausstrahlung erahnen, die sie dann in ihren folgenden Filmen in verschiedenen Variationen weiter entwickkelte.

Wie aus einer zugeknöpften stellvertretenden Staatsanwältin eine fast jugendgefährdende Femme fatale wird, die »schärfer als die kreolische Küche« sei, demonstrierte der Thriller *The Big*

Vom Mann begehrt. *The Big Easy.*

36

Easy, der neben Ellen Barkin noch Dennis Quaid als neues Sexsymbol etablierte. Schauplatz des Films ist New Orleans, dessen schwüle Hitze der geeignete Nährboden ist für sexuelle Leidenschaft und tödliche Verbrechen. Anne Osborne ist neu in der Stadt und soll in einer Mordserie ermitteln, der zahlreikhe Mafiosi zum Opfer fallen. Zeugenaussagen zufolge benutzten die Täter zivile Polizeiwagen zur Flucht. Das führt zu Untersuchungen innerhalb der Polizei, die sich als reichlich korrupt herausstellt. Remy McSwaim (Quaid) ist Lieutenant und ebenfalls mit den Morduntersuchungen befaßt. Familiär tief im Polizeiapparat verwurzelt, nimmt auch er kleine Bestechungen an und frönt einem bequemen Leben. Zwischen Anne und Remy entwickelt sich eine Beziehung. Sie, die Schüchterne, Überkorrekte, er, der Draufgängerische, Anmachende. Anne kann dem massiven Werben Remys nicht lange widerstehen, vor allem als dieser ihr bei einem Überfall zu Hilfe eilt. Dennoch fällt es ihr schwer, dem Drängen Remys nachzugeben. Noch lebt sie nicht wie dieser im Gefühl des »big easy«, alles locker zu nehmen, wozu das sexuelle Vergnügen einerseits und die kleine Bestechlichkeit andererseits gehören. Ihre Gefühle aber lassen sich nicht unterdrücken. Sie kommt zu Remy ins Bett. Ihre erste Liebesszene gehört zum Erotischsten, was in den achtziger Jahren auf amerikanischen Leinwänden zu sehen war. Jim McBride, der schon in *Breathless* Richard Gere und die damalige Kindfrau Valerie Kaprisky in einen heißen Liebestaumel schickte und damit die prüden Zensoren schockte, erwies sich auch in *The Big Easy* als ein Regisseur, der Erotik und sexuelle Anziehung so zu inszenieren weiß, wie es ihrem Charakter entspricht: prickelnd, aufregend, magnetisch, emotional, schweißtreibend. Ellen Barkin ließ die Figur der scheuen, überkorrekten Juristin im Zusammenspiel mit ihrem Partner Dennis Quaid förmlich explodieren. Ein Vulkan der Leidenschaften, ungezwungen und berauscht vom eigenen Glücksgefühl. Was Ellen Barkin hier auszeichnet, ist ihre unterschwellige Ironie – wenn sie etwa das Gesäß von Remy mit dem seines Bruders verwechselt, dem sie dann zwischen die Beine faßt. Ihres Fehlgriffs bewußt, läuft sie davon wie ein kleines Mädchen, das gerade beim Naschen erwischt wurde.

Bevor Anne und Remy endgültig zusammenkommen, legt die Geschichte dem Paar einige Stolpersteine in den Weg, läßt sie zu Kontrahenten vor Gericht werden, ja zu fast unversöhnlichen Feinden. Doch dann joggt Anne im knappen T-Shirt schweißgebadet durch das heiße New Orleans und singt ihr Remy ein Cajun-Liebeslied. Da erwachen dann auch wieder die Gefühle füreinander und verwandeln sich in hitzige Leidenschaft. Am Ende steht die Heirat als das Versprechen sexueller Lustbarkeit. *The Big Easy* machte seine beiden Hauptdarsteller zu den heißesten Stars. Vor allem Ellen Barkin konnte durch ihren schrägen Charme und ihre augenzwickernde, erotische Ausstrahlung das Bild einer jungen Frau kreieren, die ihre Selbständigkeit, auch in sexueller Hinsicht, genießt und auskostet. In *The Big Easy* überzeugt sie durch Details ihrer Körpersprache, die viel mehr versprechen als zu sehen ist. Das Prinzip der Erotik, durch bestimmte Signale der Körperlichkeit emotionale Anziehung herzustellen, korrespondiert mit Ellen Barkins Fähigkeit, ein Grinsen, einen Augenaufschlag, die Bewegung ihrer entblößten Schulter, eine nackte Wade als Attribute eines Versprechens auf puren Sex erscheinen zu lassen. Wie kaum eine andere erweckt sie dabei einen Eindruck von Vulgarität, die sich als natürliche Herausforderung zum partnerschaftlichen Spiel entpuppt. Wie sehr sie dabei ein ausdrucksstarkes, männliches Gegenüber benötigt, zeigte sich in *Siesta*, dem ersten Film, in dem sie der alleinige Star war.

Ellen Barkin verkörpert darin die junge Stunt-Frau Claire, die am Vorabend eines großen, äußerst gefährlichen Auftritts ihren Mann verläßt und nach Spanien zu ihrem ehemaligen Lehrer und Geliebten reist, der inzwischen aber ebenfalls verheiratet ist. Noch einmal verleben sie eine Stunde der sexuellen Leidenschaft, die brutal von der Ehefrau (Isabella Rossellini) gestört wird. In einer verwirrenden Melange aus verschiedenen Erinnerungsfetzen rekonstruiert Regisseurin Mary Lambert aus der Perspektive der völlig verstörten Claire die Vorgänge der letzten Tage, wobei nicht klar wird, ob dies alles nicht vielleicht in der letzten Sekunde ihres Lebens geschieht. Als erotischer Thriller angepriesen, erschöpfte sich die Erotik auf das Vorführen einer nackten Ellen Barkin, die an einem Fluß ihr blutverschmiertes

Vom Mann erniedrigt. *Siesta.*

Kleid waschen, eine Vergewaltigung über sich ergehen und eine Liebesnacht durchleben muß. Zwar präsentierte Ellen Barkin ihren Körper in seiner ganzen Natürlichkeit, doch die Vorstellungen der Autorin und der Produzenten – die gleichen

Hinreißend herausfordernde Vulgarität – eine tödliche Anmache?
Sea of Love.

übrigens, die für die beiden Mickey-Rourke-Filme *9½ Weeks*
und *Wild Orchid* verantwortlich zeichneten – von Erotik sind
dominiert von Werbeästhetik und postmodernem Pin-up. Die
schräge Verführerin Ellen Barkin fügt sich da nicht ein. Zu

Publicity-Foto einer Frau, die den Mann im Griff hat.
Für *Sea of Love*.

vermerken bliebe bei *Siesta* allenfalls der Umstand, daß die
männliche Hauptrolle von Gabriel Byrne gespielt wurde, dem
Ehemann von Ellen Barkin.
Als eine wahre Femme fatale, als eine mysteriöse Frau von

41

starkem Sexappeal zeigte sich Ellen Barkin in ihrem bislang größten Erfolg, dem Krimi *Sea of Love*. Doch auch hier hatte sie in Al Pacino wieder einen Partner, der ihre erotische Ausstrahlung widerspiegelte. Als Helen verkörpert sie eine aufreizend verführerische Frau mit einem Schuß gefährlicher Vulgarität, die als Mörderin in Verdacht gerät. Der Polizist Frank Keller (Pacino) stellt sich selber als potentielles Opfer zur Verfügung. Wie die Ermordeten setzt er eine Kontaktanzeige auf und trifft sich mit den Frauen, die darauf antworten. Eine davon ist Helen, die in einem knallengen, kurzen roten Kleid zum vereinbarten Treffen kommt. Frank ist fasziniert, spürt intuitiv, die Täterin vor sich zu haben. Doch er verliebt sich auch in diese geheimnisvolle Frau, die tags fürsorgende Mutter, nachts laszive Verführerin ist, den Sex sucht und genießt. Frank kann sich ihrer Ausstrahlung nicht entziehen und beginnt zu zweifeln. Dabei wird er ebenso unsicher wie der Zuschauer, der dem Sexappeal von Ellen Barkin verfällt. »Barkin, die Frau mit dem schiefen, hinreißend diebischen Grinsen und der angeschlagenen Nase, versprüht puren Sex: den Atem anhaltend und den Oberkörper aufgerichtet, treibt sie ein wildes erotisches Spiel mit Frank und dem Zuschauer. Einmal, Frank und Helen treffen sich in einem Lebensmittelladen, genügt Barkins nackte Wade unter ihrem langen schwarzen Mantel, um die Szene in Fahrt zu halten« (Milan Pavlovic, Kölner Stadtanzeiger). Als Frank rettungslos in Helen verliebt ist, stellt er ihr dennoch eine Falle. In die tappt aber nicht Helen, sondern deren Ex-Mann, der wahre Täter. Ellen Barkins Helen ist eine moderne junge Frau. Mit natürlicher Selbstverständlichkeit präsentiert sie ihren Sex, ihre irdische Erotik, die auf Promiskuität schließen läßt. Barkins subtiler Darstellungsweise ist es zu verdanken, daß die Figur der Helen die Grenze zwischen »Flittchen« und reifer Persönlichkeit nicht verwischt.

Sea of Love besaß in ihr eine Darstellerin, die das Bild des Sexsymbols der neunziger Jahre neu zeichnet. Die Erotik entsteht nicht aus nackter Haut und körperlicher Makellosigkeit, sondern aus dem Spiel mit Gesten, Blicken, Körperbewegungen, die eine Persönlichkeit erahnen lassen, die Spaß am Sex und dem Spiel damit empfindet.

Filme

1982
Diner (Diner)
Regie: Barry Levinson, mit Mickey Rourke

1983
Tender Mercies
Regie: Bruce Beresford, mit Robert Duvall
Daniel (Daniel)
Regie: Sidney Lumet, mit Timothy Hutton
Eddie and the Cruisers (Eddie and the Cruisers)
Regie: Martin Davidson, mit Michael Paré
Harry and Son (Harry und Sohn)
Regie: Paul Newman, mit Paul Newman

1985
Desert Bloom (In der Hitze von Nevada)
Regie: Eugene Corr, mit Jon Voight

1986
Down by Law
Regie: Jim Jarmush, mit Robert Benigni
The Big Easy (Der große Leichtsinn)
Regie: Jim McBride, mit Dennis Quaid
Siesta (Siesta)
Regie: Mary Lambert, mit Gabriel Byrne

1989
Sea of Love (Sea of Love – Melodie des Todes)
Regie: Harold Becker, mit Al Pacino
Johnny Handsome (Johnny Handsome)
Regie: Walter Hill, mit Mickey Rourke

Kim Basinger
Sexappeal mit Ambition

Volles, blondes, welliges Haar, leuchtend blaue Augen, helle, makellose Haut, verlockende, volle Kirsch-Lippen und eine vollendete Figur – die äußerlichen Attribute eines Stars voll prickelnder Erotik. Kim Basinger ist das Sexidol der ausgehenden achtziger, beginnenden neunziger Jahre. Sie ist die aufregendste, verführerischste Erscheinung im prüden Hollywood-Kino, das bei ihren lasziven Bewegungen ins Schwitzen kommt. Doch sie nur als Sexsymbol sehen zu wollen, wäre eine sträfliche Vereinfachung. Natürlich muß auch Kim Basinger gegen ihr Äußeres ankämpfen, muß zur Kenntnis nehmen, daß die Form ihrer Lippen (in den USA) sogar zur Nachahmung anregt. Sie will nicht, wie Marilyn Monroe, die darüber zerbrach, als Schauspielerin nicht ernst genommen werden. Denn auch heute noch verbindet sich mit der Schönheit einer Darstellerin ihre gleichzeitige Abwertung als Schauspielerin. Mit aller Macht wehrt sich Kim Basinger dagegen, als Sexsymbol vereinnahmt und etikettiert zu werden.

Dabei war von jeher ihr Äußeres ihr Kapital. Die am 8. Dezember 1953 in der Kleinstadt Athens, Georgia, geborene Kim trat noch als Jugendliche in die Fußstapfen ihrer Mutter und wurde in einem Fotowettbewerb einer Kosmetikfirma als das »Breck Girl« auserwählt. Das eröffnete ihr eine Karriere als Modell bei der renommierten Agentur Eileen Ford. Fünf Jahre lang posierte sie in der Werbung, wurde ein hochbezahltes Modell. Doch ihre Intentionen waren von vorneherein andere. Sie besaß musische Talente, und die wollte sie nutzen. Etwa als Schauspielerin. 1976 gab sie ihre Laufbahn als Fotomodell auf und zog nach Hollywood. Es dauerte nicht lange, da wurde sie bereits in TV-Serien besetzt. Ihre Schönheit, die Wollust versprach, erregte Aufmerksamkeit. So waren denn auch ihre ersten Rollen – in Fernsehfilmen – nicht darauf angelegt, ein darstellerisches Potential erkennbar zu machen. Vielmehr beließ man es dabei, sich mit der Erscheinung Kim Basingers

Wohlgeformte Sinnlichkeit mit Kirsch-Lippen.

zufrieden zu geben. Nicht viel besser erging es ihr in ihren ersten Kinofilmen. Auch hier nur das Ausstellen von Schönheit. Auf Persönlichkeit wurde kein Wert gelegt. Das sollte eigentlich auch und vor allem für ihre Rolle als Bond-Girl in *Never Say Never Again* (1982) gelten. Doch, für viele überraschend, bot ihr

45

Wer kann da wirklich nein sagen? *Never Say Never Again.*

die Rolle, in anderen Bond-Filmen eher eindimensional angelegt, genügend Raum, einen Charakter zu formen. Kim Basinger konnte ihre tänzerischen Fähigkeiten einbringen und mußte nicht nur Teil der Kulisse sein. Das machte sie auch für andere Regisseure interessant. Doch ihre Karriere kam erst richtig in Schwung, nachdem sie sich entschlossen hatte, für den »Playboy« zu posieren. Was für andere Darstellerinnen einen Skandal bedeutet hätte, brachte ihr einen ersten Durchbruch. Bewußt hatte Kim Basinger auf ihr Aussehen gesetzt (und die künstlerische Oberhand über die Aktaufnahmen behalten). Sie wußte um ihr Image als Sexsymbol und gebrauchte es gewinnbringend. Nach zwei weniger erfolgreichen Filmen, *The Man Who Loved Women* (1983) und *The Natural* (1983), wurde sie in der weiblichen Hauptrolle des Erotikfilms *9½ Weeks* besetzt. Wohl nur in wenigen Filmen wird direkter auf die Rolle der Frau

46

als Sexualobjekt verwiesen. Elizabeth ist Angestellte in einer Kunstgalerie. Eines Tages begegnet sie einem unbekannten Mann, ist fasziniert von seinem Blick, von seiner Erscheinung. Wenig später spricht der Fremde sie auf einem Trödelmarkt an. Er heißt John (Mickey Rourke), ist Börsenmakler und lädt sie zum Essen ein. Elizabeth verliebt sich in John und findet sich wieder in einem erotischen Reigen, der sie zum Lustobjekt degradiert und sie zu sado-masochistischen Handlungen zwingt. Die Augen muß sie sich verbinden, Eiswürfel auf ihrer Haut ertragen, Gelee, Früchte und Gewalt. Aus Situationen wie jener, in der John und Elizabeth vor zwei Gangstern flüchten, entsteht eine heftige Liebesszene, stereotyp im Gegenlicht und unter Wasserfontänen. Sie strippt hinter Jalousien wie ein Profi. Sie läßt alles mit sich geschehen. Immer stärker gerät Elizabeth in Johns Abhängigkeit, ihr Beruf wird zur Nebensache. John

Erotische Empfänglichkeit. *9½ Weeks.*

47

demütigt sie, und sie erträgt es. Doch dann läuft eines Tages das Faß über. Elizabeth findet die Kraft – nach 9½ Wochen –, ihren Liebhaber zu verlassen.

9½ Weeks wurde in Europa zu einem Kultfilm. Und dies, obgleich seine Ästhetik die eines Werbespots ist. Die Erotik, die er vermittelt, bleibt steril und gefällt sich in Stilisierungen. Der Film deutet an, Grenzen überschreiten zu wollen, doch er fällt hinter bereits bestehende zurück. Für das prüde Hollywood bedeutete der Film des ehemaligen, britischen Werbefilmregisseurs Adrian Lyne dennoch einen Skandal. Zwei Jahre dauerte es, bis 9½ Weeks in die amerikanischen Kinos kam. Und das auch erst, nachdem die Sexszenen entschärft wurden. Ratlos standen die amerikanischen Studioleiter vor ihrem Produkt, wußten nicht, welche Werbung man dafür machen sollte. In Europa dagegen – auch durch die Videoverkäufe – spielte der Film, weitgehend durch Mundpropaganda promotet, mehr als hundert Millionen Dollar ein. Eigentlich nicht recht verständlich, denn der angeblich erotischste Film der achtziger Jahre entpuppte sich als gigantischer Werbeclip. Sein erotisches Fluidum erschöpfte sich darin, eine Kim Basinger zu zeigen, die in seidenen Negligés ihre kostbare Figur präsentierte, die zum Objekt der Sinne wurde, ohne sie zu verwirren. Erotik wird nur vorgeführt, nie erzeugt.

Während der Dreharbeiten hatte es zwischen den beiden Hauptdarstellern häufiger Auseinandersetzungen gegeben. Beide waren vom Ergebnis enttäuscht und suchten die Schuld beim jeweils anderen. Doch für Kim Basinger wie für Mickey Rourke bedeutete der Film eins – jeder wurde zum Sexsymbol und Star. Kim Basinger überschritt dabei als Schauspielerin eine Grenze. Ähnlich wie ihre Aufnahmen für den »Playboy«, signalisierte ihre Mitwirkung in 9½ Weeks einen darstellerischen Exorzismus, eine Befreiung von psychologischen und emotionalen Zwängen, die sie daran gehindert hatten, bis an jene Grenze vorzustoßen, bei deren Überschreitung erst sich die wahre Schauspielerin offenbart. »Niemals bin ich so weit gegangen. Niemals war es so gewaltig, niemals ging es mir so schlecht. Es gab keinen einzigen Tag bei den Dreharbeiten, an dem ich nicht das Gefühl hatte, von meinen Emotionen erstickt zu werden,

48

Klassische Verführung: Netzstrümpfe und Seidenhemdchen. *9½ Weeks.*

oder an dem mir nicht bewußt war, wie riskant es ist, mich derart zu exponieren. Es tat aber auch gut.« (In: Jean-Pierre Lavoignat. Kim Basinger. Instinct de Star, Studio Magazine No. 8, November 1987).

49

Kim Basingers neu erworbenes Image als Sexsymbol inszenierte auch Robert Altman in *Fool For Love* auf emotional beeindrukkende Weise. Weit mehr als in Lynes Film ist in der Verfilmung des gleichnamigen Theaterstücks von Sam Shepard, der die männliche Hauptrolle selbst übernommen hatte, die exzellente Schauspielerin Kim Basinger in all ihrer Ernsthaftigkeit zu bewundern. Als Kellnerin May droht sie in einem in der Wüste gelegenen Restaurant und Motel zu vertrocknen, als eines Tages der Rodeo-Cowboy Eddie (Shepard) auftaucht. Beide waren durch eine heftige Liebesaffäre verbunden, die nun wieder neu aufflammt. Doch immer wiieder gibt es handfeste Streitereien zwischen den beiden – wie sich später herausstellt – Halbgeschwistern. Die drückende Schwüle der Wüste zwingt May, leicht bekleidet herumzulaufen. So entsteht eine andere Form der Erotik als in Lynes Film. Nicht spekulativ, sondern für den Zuschauer ebenso anregend wie für den Cowboy Eddie. Im Vordergrund aber steht der Charakter von May. Kim Basinger gelang in dieser Rolle ihre bis heute größte schauspielerische Leistung. Überzeugungskraft und Leidenschaftlichkeit, Sensibilität und Emphase als Glanzpunkte eines darstellerischen Rohdiamanten, der durch die Erfahrung Robert Altmans zu einem Schmuckstück geschliffen wurde. Ahnten viele Kritiker bereits, daß in Kim Basinger auch eine großartige Darstellerin steckte, wurden sie durch *Fool For Love* bestätigt. Wie sehr indes die schauspielerische Faszination Kim Basingers von ihrer Inszenierung abhing, zeigte sich in ihrem folgenden Film *No Mercy*.
In diesem Thriller fiel dem Regisseur Richard Pearce nichts Besseres ein, als sein Juwel mit kalkuliert durchnäßtem und enthüllendem Hemd in die Sümpfe Louisianas zu schicken. Kim Basingers aufregende erotische Ausstrahlung wurde reduziert auf das stereotype Bild eines Sexstars. Der ist zwar hübsch anzuschauen, doch langweilt er auch, weil ihm die Persönlichkeit fehlt.
Kim Basinger war sich der Gefahr, abgestempelt zu werden und nur als Pin-up zu taugen, wohl bewußt. Ihre nächsten Filme waren Komödien. Ihr Image als Sexgöttin erfuhr hier die notwendige Brechung und machte sie populärer als je zuvor.

50

1987 wurde das Jahr der Kim Basinger. Sie zierte die Titelseiten internationaler Magazine, die sich an ihrer makellosen Schönheit berauschten. »Kim ist so perfekt – Gesicht, Maße und Figur –«, sagte der Kameramann Nestor Almendros in der Illustrierten »Us«, »daß sie aussieht, als sei sie nicht von der Natur, sondern von Künstlern geschaffen worden. Sie mag wie die bionische Frau aussehen, aber sie ist nicht kalt«.

Tatsächlich spielte Kim Basinger in *My Stepmother Is An Alien* eine außerirdische Erscheinung, die zur Erde geschickt wird, um dort einem Wissenschaftler jenes Geheimnis zu entlocken, das den Fortbestand ihrer intergalaktischen Spezies sichern konnte. In einem aufregend geschnittenen, die Formen ihres Körpers betonenden, roten Kleid entzündet Kim Basinger nicht nur die sexuellen Phantasien des irdischen Wissenschaftlers. Richard Benjamin setzte voll auf die erotische Ausstrahlung seines Stars, ohne dabei allerdings dessen Image allzu ernst zu nehmen.

Im Wasser kommen Formen gut zur Geltung. *No Mercy.*

51

Blond und blaue Augen. Klischee des Sexsymbols.

Wesentlich simpler führte Tim Burton Kim Basinger in *Batman* vor.
Als blonde und etwas dümmliche Reporterin Vicky Vane wurde sie in jenem Rollenklischee besetzt, mit dem schon Marilyn

Monroe brechen wollte. Das Sexsymbol wird auf sich selbst zurückgeführt. Die körperlichen Reize werden zum einzigen und hervorstechenden Merkmal. Naivität kennzeichnet den Charakter. Ein scheinbar, trotz weiblicher Emanzipation, unausrottbares Vorurteil, dem Kim Basinger privat durch ihre heftige Romanze mit dem Popstar Prince Nahrung gab. Dennoch bleiben Intelligenz und Sensibilität die herausragenden Eigenschaften des Sexsymbols Kim Basinger, die in ihrer Mischung aus Komik, Verletzlichkeit, Schönheit und Natürlichkeit an Carole Lombard erinnert. Wie diese ist auch Kim Basinger eine erotische Göttin der Leinwand – fern, aber nicht unnahbar.

Filme

1978
Katie: Portrait of a Centerfold (TV)
Regie: Robert Greenwald, mit Don Johnson

1982
Never Say Never Again (Sag niemals nie)
Regie: Irvin Kershner, mit Sean Connery, Klaus Maria Brandauer

1983
The Man Who Loved Women (Frauen waren sein Hobby)
Regie: Blake Edwards, mit Burt Reynolds
The Natural (Der Unbeugsame)
Regie: Barry Levinson, mit Robert Redford

1984
9½ Weeks (9½ Wochen)
Regie: Adrian Lyne, mit Mickey Rourke

1985
Fool For Love (Fool for Love – Verrückt nach Liebe)
Regie: Robert Altman, mit Sam Shepard

1986
No Mercy (Gnadenlos)
Regie: Richard Pearce, mit Richard Gere
Blind Date (Blind Date – Verabredung mit einer Unbekannten)
Regie: Blake Edwards, mit Bruce Willis

1988
My Stepmother Is An Alien (My Stepmother is an Alien)
Regie: Richard Benjamin, mit Dan Ackroyd

1989
Batman (Batman)
Regie: Tim Burton, mit Michael Keaton, Jack Nicholson

Sandrine Bonnaire
Charme der Natürlichkeit

Veronique, Suzanne, Alice, Francine, Mouchette, Marie, Mona oder Jeanne – Porträts junger Frauen ohne Glamour, ohne Sex. Frauen aber mit Persönlichkeit und Geschichte. Meist die Geschichte eines Leidens oder einer Leidenschaft. Frauen, die am Rande der Konvention leben, die es schwer haben in der Gesellschaft und deren Existenz einen ständigen Kampf bedeutet. Nur selten sind sie dabei siegreich. Dargestellt wurden diese Frauen in einer Reihe höchst unterschiedlicher Filme von Sandrine Bonnaire, der neuen Heroine des französischen Kinos. Sandrine Bonnaire stellt etwas sehr Seltenes im Kino dar. Sie ist magisch und natürlich zugleich. Sie ist zerbrechlich und doch stark. Sie besitzt eine gelebte Würde, eine natürliche Grazie. Im französischen Kino steht sie in der Tradition einer Arletty oder Jeanne Moreau. Darstellerinnen, die nicht durch ihre Schönheit überzeugen, sondern durch ihre magische Präsenz. Wie sie kann Sandrine Bonnaire alles spielen, und bleibt doch immer sie selbst.

Entdeckt wurde die als siebtes von elf Kindern einer Arbeiterfamilie in einem Pariser Vorort geborene Sandrine von dem Regisseur Maurice Pialat. Schon immer war das Kino ihr Traum. Brigitte Bardot, mit deren Fotos sie ihr Zimmer tapeziert hatte, nannte sie als ihr großes Vorbild. Durch die Vermittlung einer Freundin konnte sie als Statistin bei *La Boum 2* miterleben, wie ihre Altersgenossin Sophie Marceau – wie sie eine von der Schauspielerei zunächst unberührte Arbeitertochter – zum Star wurde. Ein Traum, der für Sandrine Bonnaire ebenfalls in Erfüllung gehen sollte. Zunächst aber blieb es nur ein Traum. Zusammen mit ihrer Schwester bewarb sie sich einige Zeit später auf eine Anzeige im »France Soir«, in der eine jugendliche Hauptdarstellerin gesucht wurde. Drei Wochen kämpfte sie um die Rolle in dem geplanten Film *Les meurtriers* von Maurice Pialat. Sie bekam die Rolle, doch der Film wurde nie gedreht. Pialat aber hatte einen Rohdiamanten gefunden. Nun mußte er

Sandrine Bonnaire – der Charme einer unversehrten Natürlichkeit.

ihn nur noch schleifen. Sein Werkzeug war das Kino. *A nos amours* hieß der Film, den er der damals Sechzehnjährigen auf den schon fraulichen Leib schrieb. Weniger der Film war eine

Offenbarung als seine Hauptdarstellerin. Sandrine Bonnaire, die nie eine Schauspielausbildung genossen hatte, hinterließ einen so überwältigenden Eindruck, daß der »César« als beste Debütantin nur zwangsläufig war.

A nos amours erzählt von der heranwachsenden Suzanne und ihrer Suche nach einer Identität. Im Ferienlager hat sie eine Reihe amouröser Affären, die sie wenig befriedigen. Zurück in Paris, erlebt sie mit, wie ihr Vater wegen einer anderen Frau die Familie verläßt. Suzanne läßt sich treiben, steigt mit verschiedenen Typen ins Bett, ohne für sie Gefühle zu hegen. Sie bekommt Streit mit ihrer Mutter und ihrem Bruder, der sie prügelt, findet dann schließlich einen Jungen, den sie zu lieben glaubt. Die Konventionen ihrer zerrütteten Familie treiben sie in eine Ehe, die von Beginn an zum Scheitern verurteilt ist. Kurz nach ihrer Hochzeit fliegt sie mit einem Freund ihres Bruders, unterstützt von ihrem Vater, für eine längere Zeit in die USA. Ihre Zukunft aber bleibt ungewiß.

»Sie war unsere Lokomotive«, beschrieb Maurice Pialat, der die Rolle von Suzannes Vater selbst übernommen hatte, seine junge Darstellerin. Er hatte Sandrine Bonnaire genau beobachtet und verwandte in seinem Film Elemente ihrer persönlichen Geschichte und ihres Charakters. Ein Mädchen, schon fast erwachsen, aber noch auf der Suche nach dem eigenen Ich. Ein Mädchen, das einen Halt sucht im Leben und in dem Vater (= Regisseur) Hilfe und Verständnis findet. Die Stärke ihrer Persönlichkeit ist die Stärke des Films. Allein durch die verblüffende Präsenz von Sandrine Bonnaire vermochte *A nos amours* zu überzeugen.

Gleich mit dem Erscheinen des Films war deutlich, daß das französische Kino einen neuen Star gewonnen hatte. Es war wie die Enthüllung eines Kunstwerkes – die Bewunderung galt einer Schauspielerin, die ihren Instinkt und ihre Intuition zu ihrer persönlichen darstellerischen Technik erhoben hatte. Sie war (und ist bis heute) einzigartig in ihrer Generation, ohne Vorbild und ohne Vergleich. Allein ihr Äußeres. Ihr Gesicht wirkt alles andere als perfekt. Es ist eckig, die Nase breit, der Mund schmal und weit, die Stirn hoch. Wahrlich keine klassische Schönheit. Doch gerade das unterscheidet sie von den meisten anderen

Darstellerinnen ihrer Generation. Sandrine Bonnaire ist keine Stereotype, läßt sich nicht einordnen in gängige Kategorien, die eine Schauspielerin so schnell festlegen. Ihr Gesicht, vor allem ihr warmer Blick, strahlt Ernsthaftigkeit und Wärme aus. Es ist der Ausdruck eines ungekünstelten, natürlichen Gefühls, dessen Ausstrahlung nichts mit herkömmlicher Erotik gemein hat. Den wenigen Szenen in *A nos amours*, in denen sie unbekleidet ist, haftet nichts Verführerisches oder Spekulatives an. Bonnaire verkörpert darin eine ganz normale Sexualität.

In der Folge wurde der neue Jungstar mit Angeboten überschüttet. Bei der Auswahl hatte sie zunächst keine sehr glückliche Hand. Drei Filme hintereinander wurden kommerzielle Reinfälle. Für eine Schauspielerin bedeutet dies in der Regel das Ende ihrer Karriere. Nicht so bei Sandrine Bonnaire. Obgleich die Filme auch künstlerische Desaster waren, ließ sich die Ausstrahlung des jungen Talentes nicht unterdrücken. Und Sandrine bestätigte, daß sie in den unterschiedlichsten Rollen überzeugen konnte. Nicht die Geschichte eines Films ist dabei für sie interessant, sondern die darzustellende Figur, mit der sie sich in hohem Maße identifiziert, die sie als Person für sich selbst entdeckt. Das traf insbesondere für ihren nächsten großen Erfolg zu. *Sans toit, ni loi* von Agnès Varda. Der Film erhielt in Venedig den »Goldenen Löwen«, Sandrine bekam ihren zweiten »César«.

Agnès Varda erzählt die Geschichte einer jungen Streunerin namens Mona, die eines Morgens erfroren in einem Straßengraben aufgefunden wird. Durch lose miteinander verbundene Rückblenden wird das Schicksal Monas deutlich. Sie liebt die Freiheit um jeden Preis, schert sich nicht um Konventionen, lebt von der Hand in den Mund. Nie hält sie es lange an einem Ort aus, immer zieht sie weiter, ohne Ziel und ohne Zweck. Sie begegnet vielen Menschen, aber keiner lernt sie richtig kennen. Mona führt ein Leben unter dem freien Himmel, völlig ungezwungen, doch ihr Gesicht strahlt keine Fröhlichkeit aus, eher Hilflosigkeit. Eine große Traurigkeit charakterisiert Mona, gebündelt im Gesicht und dem Blick von Sandrine Bonnaire. Der Film zeigte eine Darstellerin, die in ihren Rollen aufzugehen, die sich persönlich mit dem Schicksal ihrer Charaktere zu

Erotische Vogelfreiheit. *Sans toit, ni loi.*

identifizieren schien. Sandrine Bonnaire erwies sich als eine Schauspielerin, die keinerlei Wert auf oberflächliche Äußerlichkeiten legte, die den Mut zur Häßlichkeit hatte. Mona ist ein völlig verdrecktes Mädchen, sie kümmert sich nicht um ihre Erscheinung.

Der Film machte Sandrine mit einem Schlag über die Grenzen Frankreichs hinaus bekannt. Gérard Depardieu, mit dem sie das erste Mal in *Police*, ebenfalls inszeniert von ihrem Entdecker Pialat, zusammengespielt hatte, sieht in ihr – auch und gerade in einer Rolle wie die der Mona – die personifizierte Würde. Mit Depardieu und Pialat arbeitete sie noch ein weiteres mal zusammen. In dem in Cannes unter Protesten preisgekrönten

59

Sous le soleil de Satan spielte sie die schwangere, sechzehnjährige Mouchette, die die Geliebte zweier älterer Männer ist und einen von ihnen erschießt. Der Priester (Depardieu), dem sie begegnet, glaubt sie vom Satan beherrscht, erkennt nicht, daß er eine völlig verzweifelte Person vor sich hat, die sich wenig später das Leben nimmt. Wieder einmal verkörperte Sandrine Bonnaire einen Charakter, der sich außerhalb jeglicher Normalität bewegt. Mit ihrem Instinkt begriff sie die Gefühle ihrer Figuren und verlieh ihnen eine Persönlichkeit, die sich dem Betrachter ins Gedächtnis meißelt.

Sandrine Bonnaire ist wahrlich kein Objekt der Begierde. Sie ist keine Göttin, keine Diva. Ihre Erotik versteckt sich hinter der Maske der Ernsthaftigkeit. Will man sie, wie Claude Sautet in seinem klischeebeladenen *Quelques jours avec moi*, in dem sich ein reicher junger Mann in ein armes Mädchen verliebt und ihr zuliebe sogar einen Mord auf sich nimmt, als eine erotische Wunschvorstellung inszenieren, offenbaren sich ihre Grenzen. Sautet ließ sie dies *spielen*, erkannte nicht ihre leise, natürliche Erotik. Das gelang erst Patrice Leconte in seinem meisterlichen *Monsieur Hire*.

Der unscheinbare, mysteriöse Schneider Monsieur Hire (Michel Blanc) beobachtet jeden Abend von seinem Fenster aus das Leben der jungen Alice in der Wohnung ihm gegenüber. Durch einen Zufall entdeckt Alice den Voyeur. Zuerst ist sie erschreckt, doch dann sucht sie seine Bekanntschaft. Auf eine Weise, die erotischer nicht sein kann. Als Hire seine Wohnungstür aufschließen will, kullern ein paar sehr rote Tomaten die Treppe hinunter bis vor seine Füße. Alice steigt hinab und beginnt sie langsam vom Boden aufzusammeln. Sie weiß, daß Hire ihren Körper betrachtet und rückt näher an sein Bein, als wolle sie sich wie eine Katze an ihn schmiegen. Monsieur Hire schließt erschüttert die Türe hinter sich, während Alice mit einem wissenden Grinsen ein wenig wartet, dann zur Treppe schreitet. Alice, die einen Mörder liebt und ihn deckt, weiß, daß Hire ihr Geheimnis kennt. Sie trifft sich häufiger mit ihm, auch ein wenig geschmeichelt angesichts der unbedingten Liebe, die ihr Hire entgegenbringt, der selbst des Mordes verdächtigt wird. Das führt zu Begegnungen, die eine atemberaubende Erotik aus-

Einige Tage mit mir
Ein Film von CLAUDE SAUTET
mit SANDRINE BONNAIRE · DANIEL AUTEUIL
prokino

Inszenierter erotischer Wunschtraum. *Quelques jours avec moi.*

strahlen und zugleich eine unendliche Sehnsucht dokumentieren. Etwa bei einem Boxkampf, zu dem Alice mit ihrem Freund
gegangen und wohin ihr Monsieur Hire gefolgt ist. Willig läßt sie
geschehen, daß Hire, der direkt hinter ihr steht, zuerst ihren Arm

61

Objekt der Sehnsucht. *Monsieur Hire.*

streichelt, dann mit einem Finger in ihre Bluse faßt und später seine Hand in ihren Rock schiebt. In Szenen wie dieser teilt sich die Erotik von Sandrine Bonnaire auf eine sehr sinnliche Weise mit.

Denn sie ist wahrlich kein Objekt der Begierde, sondern eines der Sehnsucht. Ihre Erotik ist keine unmittelbar sexuelle sondern eine platonische. Sandrine Bonnaires erotische Ausstrahlung ist nicht auf Verführung angelegt, sondern besitzt eine natürliche Würde, die häufig nur auf den zweiten Blick erkennbar wird und die sie umso anziehender macht. Manchmal wirkt sie wie eine inszenierte Heilige, doch in Wahrheit ist sie die Verkörperung der Unschuld. Selbst wenn sie, wie in *Monsieur Hire*, den Titelhelden verrät. Bei seinem Sturz vom Dach sieht Hire ein letztes Mal das Gesicht seiner Verehrung, bevor er auf dem Pflaster aufschlägt und stirbt. Er erkennt, wie der Zuschauer, das Gesicht einer verstehenden und verzeihenden Unschuld. Der Charme der Natürlichkeit.

Filme

1983
A nos amours (Auf das, was wir lieben)
Regie: Maurice Pialat, mit Maurice Pialat

1985
Sans toit, ni loi (Vogelfrei)
Regie: Agnès Varda, mit Macha Meril

1986
Sous le soleil de Satan (Die Sonne Satans)
Regie: Maurice Pialat, mit Gérard Depardieu

1988
Quelques jours avec moi (Einige Tage mit mir)
Regie: Claude Sautet, mit Daniel Auteuil

1989
Monsieur Hire (Die Verlobung des Monsieur Hire)
Regie: Partice Leconte, mit Michel Blanc

Cher
Plastik-Vamp

Im Kino ist sie noch kein Sexsymbol, in der Öffentlichkeit umso mehr. Ein Sexsymbol allerdings, das weniger Bewunderung auslöst als Schocks. Cherilyn Sarkisian, bekannt als Cher, ist bis heute immer gut für einen Skandal. Sie erregt die Gemüter vor allem durch ihre ausgefallene Garderobe bei öffentlichen Anlässen und den stetigen Konsum wesentlich jüngerer Liebhaber. Aber hinter ihrer Fassade der öffentlichen Frau, über deren Erscheinung die Geister sich scheiden, steckt eine willensstarke, ehrgeizige Persönlichkeit, die ihren Körper, ihren »Look«, zum Markenzeichen stilisiert hat.

Ungewöhnlich an der Laufbahn der 1946 in ärmlichen Verhältnissen geborenen Cher ist, daß das Kino bereits ihre dritte Karriere darstellt. Bereits als unscheinbare Sechzehnjährige, deren Beine lang und zu dünn waren, die an Dyslexie (Leseschwierigkeit) litt und den rauhen Jargon der Gosse sprach, wurde sie entdeckt. Der erfolglose, zwölf Jahre ältere Komponist und Sänger Sonny Bono hatte, als er sie das erste Mal sah, eine geniale Vision. Er sah den unattraktiven Teenager und sich selbst als ein Popduo. Das Mädchen, das seinen leiblichen Vater kaum kannte, zog zu Bono, der sich gerade von seiner ersten Frau scheiden ließ. Bono machte sich besessen daran, mit Cher zum Superstar zu werden. Auf den Erfolg des Sand- und Sandalendramas *Cleopatra* (mit Richard Burton und Elizabeth Taylor) setzend, brachte Bono sich und seine Entdeckung zunächst als ägyptisierendes Pendant dazu in der Popwelt ins Gespräch. Schon hier zeigte sich, daß Cher Teil eines Medienkonzeptes war, das weniger auf musikalischen Qualitäten beruhte als vielmehr auf puren Äußerlichkeiten. Dennoch blieb der Erfolg zunächst aus. Auch Bonos Versuche, Cher in eine Solokarriere zu drängen, schlugen fehl. Die wenigen Platten, die sie aufnahm, konnten sich nicht durchsetzen. Als Duo waren sie noch immer auf der Suche nach einem eigenen Stil. Erst 1965 sollte sich das ändern.

Lustvolle Provokation der Öffentlichkeit. Cher mit Michael Douglas bei der »Oscar«-Verleihung.

Sonny Bono, ein mediokrer, zeitweise ungeheuer erfolgreicher, dann aber wieder sich selbst überschätzender Geschäftemacher und Komponist, hatte zu dem legendären Ahmet Ertegun Verbindung aufgenommen, damals Präsident von Atlantic Records. Der war von Bonos Demobändern beeindruckt und stellte einen Vertrag in Aussicht. Das Duo Sonny and Cher nahm einen Song mit dem Titel »I Got You Babe« auf, der sich in der Folge zu einem Hit entwickelte. Weitere, wie Chers Solosong »Bang Bang«, folgten. Tourneen schlossen sich an, und trotz ihrer ausgeflippten Kleidung – die Hosen mit weiten Ausschlägen – und hippiesker Aufmachung ging das Duo als eines der konservativsten in die Musikgeschichte ein. Musikalisch schufen sie keinen neuen Trend, hinkten vielmehr der Mainstream-Entwicklung hinterher und verpaßten die Chance, sich in musikalische neuere Gefilde zu begeben, die ihre gemeinsame Karriere dauerhafter gemacht hätten. Ironischerweise waren Sonny and Cher bis zur Geburt ihrer Tochter Chastity nicht verheiratet, obgleich sie in einer Zeit der freien Liebe, der sexuellen Revolution für die Ehe eintraten und sich als ideales Paar präsentierten. Doch das war zu keiner Zeit Chers wirkliche Persönlichkeit. Die nämlich hatte sie noch nicht. Gehorsam befolgte sie alle Weisungen ihres Mannes, auch wenn sie nicht ihrem Willen entsprachen. Cher, die so rebellisch wirkte, war in Wirklichkeit kreuzbrav und hatte keine Ahnung, was um sie herum vor sich ging. Sie vertraute dem Wissen und der Erfahrung Sonny Bonos, der es geschafft hatte, ihre vielversprechende Sängerkarriere durch eigensinnige Entscheidungen und eitle Selbstüberschätzung auf ein Abstellgleis zu manövrieren. Das durch einige Hits verdiente Vermögen wurde für Chers exzentrische Kleidung, eine riesige Villa und diverse andere Dinge förmlich verschleudert. Cher, die keinen Scheck unterschreiben durfte, blieb ahnungslos. Einen Ausweg aus der drohenden Misere glaubte Sonny Bono im Kino zu entdecken. Elvis Presleys Manager hatte ihn auf den Erfolg der Elvis-Filme hingewiesen und darauf aufmerksam gemacht, daß auch ein so bekanntes Duo wie Sonny and Cher im Kino zu sehen sein sollten.

Bono gelang es tatsächlich, einen Produzenten und ein Studio für ein derartiges Projekt zu gewinnen. Die Geschichte von *Good Times* (1967), inszeniert von dem damals 28jährigen Debütanten William Friedkin (*The Exorcist, French Connection*) ähnelte verblüffend der wirklichen des Popduos Sonny and Cher. Beide spielen sich selbst, und das ziemlich schlecht. Der Streifen wurde ein Desaster und es war nicht abzusehen, daß aus Cher, die am Beginn ihrer Medienkarriere bei dem renommierten Jeff

Corey Unterricht genommen hatte, jemals eine Schauspielerin werden würde.

Auch der zweite Versuch, vor allem Cher als Kinostar aufzubauen, mißlang gründlich. Nach den Erfahrungen mit ihrem

Erotik des Underdog. *Mask.*

ersten Leinwandabenteuer behielt Sonny nun die alleinige Kontrolle. Allerdings trug er auch das alleinige Risiko, was dazu führte, daß sie nach dem Reinfall von *Chastity* (1969) pleite waren. In dem abstrusen Streifen mußte Cher eine Prostituierte mit lesbischen Neigungen darstellen. Die konservative Moral der Story, die aus Bonos Feder stammte, ließ den Film vollends ins Lächerliche abgleiten. Chers erste Karriere als Teil eines Popduos der Hippie-Ära fand ihr Ende.

In den siebziger Jahren aber konnten sich beide in einem neuen Medium behaupten. Nach zahlreichen, finanziell attraktiven Clubauftritten in Las Vegas, bekamen sie eine eigene Fernseh-Comedy-Show. Cher hatte ihr Image als Blumenmädchen abgelegt und spielte in neuen Kostümen, die raffiniert ihren schlanken Körper in Szene setzten, den verruchten Part, während Sonny den Tölpel mimte. Diese zweite Karriere machte Cher langsam erwachsen. Allmählich entzog sie sich dem Einfluß ihres Mannes, schließlich kam es zur Scheidung und damit zum Ende der Show. Chers Solokarriere begann. Zunächst als Sängerin. Mit neuen Produzenten und Beziehungen, etwa zu dem aufstrebenden Musikmogul David Geffen. Tatsächlich landete sie einige Hits, der große Durchbruch aber wollte nicht gelingen. Stattdessen stieg sie zur hochbezahlten Las-Vegas-Entertainerin auf, wie so viele Mainstream-Stars am Ende ihrer Karriere, und begann eine Reihe von Affären. Sie heiratete, zur Überraschung der Fans auf beiden Seiten, den Südstaaten-Rocker Gregg Allman (»The Allman Brothers«), von dem sie ihren Sohn bekam. Doch die Ehe ging wegen Allmans Heroinsucht in die Brüche. Cher aber hatte sich endlich emanzipiert. Willig ließ sie sich in der Klatschpresse als männerverschlingender Vamp stilisieren, was sie durch ihre Auftritte in der Öffentlichkeit noch unterstrich. Seit ihrer Jugend hatte sie viel Make-up gebraucht, nun wurde ihr Äußeres zur Manie. Schönheitsoperationen, bei denen ihr Busen angehoben und gestrafft und ihre Nase verkürzt wurden, waren Gegenstand öffentlichen Interesses. Perücken, gewagte Kostüme und exorbitante Einkaufstouren brachten immer eine Schlagzeile, ebenso ihre Galerie abgelegter, meist viel jüngerer Liebhaber. Doch Cher merkte, daß ihre Karriere sich erneut in einer

Ohne Maske mehr Frau.

Sackgasse befand. Sie beschloß, die glänzend bezahlten Engagements – bis zu einer Viertelmillion Dollar pro Woche – in Las Vegas aufzugeben. Endlich wollte sie eine seriöse Schauspielerin werden. Sie ging nach New York, traf den Schauspiel-Guru Lee Strasberg, bei dem schon Marlon Brando und Marilyn Monroe studiert hatten. Der riet ihr, ihre publikumswirksame, aber albern künstliche Aufmachung zu vergessen. Die hatte nichts mit Seriösität zu tun. Ein Vorurteil, das ihr immer wieder begegnen sollte, auch, weil sie Strasbergs Rat nicht immer befolgte.

In New York engagierte sie der Regisseur Robert Altman für seine Inszenierung des Bühnenstückes »Come Back to the Five and Dime Jimmy Dean, Jimmy Dean« am Martin-Breck-Theater, für fünfhundert Dollar die Woche. Fünf Frauen treffen sich nach zwanzig Jahren in einem heruntergekommenen Drugstore wieder, der ganz in der Nähe des Drehortes von *Giants* liegt. Die Frauen erinnern sich an damals, als der Film gedreht wurde und jede von James Dean träumte. Cher spielte die Rolle der Kellnerin Sissy, die unter dem Trauma einer Brustoperation leidet. Das Stück wurde kein großer Erfolg am Broadway, auch wenn Cher gute Kritiken bekam. Der Regisseur Mike Nichols, der sie Jahre zuvor als untalentiert abgelehnt hatte, bot ihr aber daraufhin eine Rolle in seinem neuen Film *Silkwood* an. Nur eine Nebenrolle, diese aber an der Seite von Meryl Streep, deren Starkarriere an ihrem Anfang stand. Zuvor jedoch übernahm sie in Altmans gleichnamiger Verfilmung von »Jimmy Dean« ihre Bühnenrolle. Der Film wurde vor allem in Europa ein Erfolg – in den USA lief er nur im Kabelfernsehen – und machte zum ersten Male auf die neue Cher aufmerksam. Ihr Sexappeal, der sich, nicht frei von Vulgarität, in den Printmedien breitgemacht hatte, trat zugunsten der wirklichen Schauspielerin zurück.

Auch in Nichols' Film, in dem sie die lesbische Freundin der Titelheldin verkörperte, bewies Cher eindrucksvoll ihre darstellerische Ausdruckskraft. Es zeigte sich, daß sie ohne jedes Make-up, das ihr Nichols konsequent aus dem Gesicht wischen ließ, eine ungleich erotischere Ausstrahlung besaß als in all ihren exzentrischen Aufzügen. Der Erfolg für Cher war überwältigend. Niemand hatte geglaubt, daß dieses künstliche Glamourgirl, das mit allen Mitteln seine Jugend konservieren wollte, zu einer solchen darstellerischen Leistung fähig sei. Ein »Golden

Globe« und die »Oscar«-Nominierung als beste weibliche Nebendarstellerin waren der Lohn.

Auch in ihrem nächsten Film, *Mask*, brachte sie wieder eine starke Leistung. Sie spielte eine Rockerbraut und Mutter eines verunstalteten Jungen, für den sie aufopferungsvoll eintritt.

Sexappeal einer Frau in den besten Jahren. *Die Maske.*

71

Einmal mehr verzichtete Cher dabei auf jegliches Make-up und wirkte dafür in ihrer Rockerkluft umso attraktiver. Ihre Leinwanderotik besitzt nichts Verführerisches. Sie spricht direkt an und wirkt in ihrer Direktheit manches Mal aufdringlich. Doch es ist der Sexappeal einer Frau in den besten Jahren, die jung geblieben ist. Während Cher sich in der Realität diesem Jugendlichkeitswahn uneingeschränkt ergab, wirkte dies im Film nur natürlich. Gleich in zwei Filmen wandelte sie sich glaubhaft von einer grauen Maus in eine überaus attraktive Erscheinung. In *The Witches of Eastwick* verfällt sie den sexuellen Annäherungen von Jack Nicholsons, und in *Moonstruck* verwandeln der Vollmond und der junge Bäcker Nicolas Cage die Buchhalterin Cher in eine verliebte Schönheit. *Moonstruck* wurde zu ihrem größten persönlichen Triumph. Nicht allein der »Oscar«, den sie als beste Darstellerin erhielt, zeugte von der neuen Cher. Es war vor allem ihre schauspielerische Leistung, die ihr Lobeshymnen einbrachte.

Cher hatte sich als echte Charakterdarstellerin profilieren können, die eigentlich nicht mehr auf ihre äußere Erscheinung bauen mußte, um zu überzeugen. Nicht, daß sie in die Kategorie einer Meryl Streep einzuordnen wäre, doch Cher gelang die Verbindung von schauspielerischem Können mit der Aura eines Stars. Nach wie vor aber verfolgt sie in der Öffentlichkeit ihr Image als männerverschlingender, ordinär erotischer Vamp. So empörten sich etwa deutsche Fernsehzuschauer über ihre freizügige Garderobe in einer TV-Show. Es scheint, als wolle sie all die, die in ihr die seriöse Schauspielerin vermuten, immer wieder vor den Kopf stoßen. Irgendwie ist Cher der typische Ausdruck der heutigen Mediengesellschaft – eine schizophrene Persönlichkeit zwischen Anspruch und Rummel.

Filme

1982
Come Back to the Five and Dime Jimmy Dean, Jimmy Dean (Komm zurück, Jimmy Dean)
Regie: Robert Altman, mit Karen Black, Sandy Dennis

72

Als exzentrischer Vamp existiert Cher nur in der Öffentlichkeit.

1983
Silkwood (Silkwood)
Regie: Mike Nichols, mit Meryl Streep, Kurt Russell

1984
Mask (Die Maske)
Regie: Peter Bogdanovich, mit Eric Stoltz

1986
The Witches of Eastwick (Die Hexen von Eastwick)
Regie: George Miller, mit Jack Nicholson, Michelle Pfeiffer

1987
Moonstruck (Mondsüchtig)
Regie: Norman Jewison, mit Nicolas Cage

Glenn Close
Gefährliche Leidenschaft

Glenn Close gehört zu jener Kategorie amerikanischer Schauspielerinnen, für die das Attribut Star nur ein unbedeutender Aspekt ihres Schaffens ist. Die Verehrung als Sexsymbol gilt ihr auch nicht als Auszeichnung. Wie für ihre gleichaltrige Kollegin Jessica Lange, ist auch für Glenn Close in erster Linie die Rolle von Bedeutung. Welche Möglichkeiten, sich als Persönlichkeit und sich als Darstellerin einzubringen, bietet ein Stoff? Eine Frage allerdings, deren Beantwortung auch abhängig ist von dem Status, den eine Schauspielerin erreicht hat. Doch Glenn Close ist unbestreitbar ein Star und mehr noch: als Vierzigjährige auch so etwas wie ein Sexsymbol. Allerdings eines, das weniger an Verführung denken läßt sondern eher an Flucht. Glenn Close wurde 1948 in der Kleinstadt Greenwich, Connecticut geboren. Ihre Familie zählte zu den noblen des Städtchens, ihr Vater war ein angesehener Chirurg. Kontakt zur Schauspielerei bekam sie, wie so viele US-Stars, auf der Schule. Hier war es ein höheres Mädchenpensionat, in dem sie erste Bühnenerfahrungen sammelte. Auf dem College vertiefte sie ihre schauspielerischen Bemühungen, bevor sie dann fünf Jahre lang Mitglied einer Band namens »Up With People« war. Von Natur aus keine klassische Schönheit, eher von kräftiger Statur, mit einem markanten Gesicht, in dem noch kein Schönheitschirurg sein Skalpell angesetzt hatte, mußte Glenn Close einen harten Weg zum Erfolg gehen. Das bedeutete jahrelange Kämpfe um Engagements an Provinztheatern, aber auch eine hervorragende Schulung, mit der sie am Broadway bestehen konnte. 1974 war es soweit: sie debütierte an Amerikas wichtigstem Theaterschauplatz. Doch auch dort mußte Glenn Close sich jeden Erfolg erkämpfen. Aber sie schaffte es, denn sie ersetzte fehlende Ausstrahlung durch Professionalität. So wurde sie ein Bühnenstar, der nach der Verleihung eines »Tony« auch für Hollywood interessant schien.
George Roy Hill, der schon Diane Lane entdeckt hatte, gab auch

Die klassische Vamp-Pose.

Glenn Close die Chance zur Profilierung. In seiner absurden Komödie *The World According to Garp* spielte sie die Mutter des von Robin Williams verkörperten Titelhelden. Jenny Fields ist Krankenschwester und haßt die Männer, vor allem, nachdem sie selbst einen in die Welt gesetzt hat. Während Garp später Karriere als Schriftsteller macht, wird seine Mutter als streitbare

Sexappeal von gefährlicher Attraktivität. *Fatal Attraction*.

Feministin von der Frauenbewegung entdeckt. Jenny Fields teilt den Ruhm und das Schicksal ihres Sohnes: auch sie fällt, wie ihr Sohn, einem Attentat zum Opfer. Glenn Close zog gleich in ihrer ersten bedeutsameren Kinorolle alle Register ihres umfangreichen Könnens. In der Figur der Jenny Fields durchläuft sie alle Phasen einer weiblichen Existenz, vom Bestseller-Autor

77

John Irving in seiner Romanvorlage mit beißender Ironie gezeichnet. Glenn Close griff in ihrer Darstellung den Ton des Romans auf und versuchte ihrer Rolle mit übertriebenem Ausdruck und ironischer Distanz gerecht zu werden. Sogleich etablierte sie sich als Charakterdarstellerin, angesichts ihres Alters von mehr als dreißig Jahren kein schlechter Ansatz. Eine Sexbombe, das wußte sie, würde und wollte sie trotz ihrer blonden Haare auch nicht werden. Die erste »Oscar«-Nominierung von bislang fünf war der Lohn für die selbstgewählte Bescheidenheit. Der Aufstieg zum Star aber ließ sich nicht mehr aufhalten. Einmal mehr eine Mutter spielte sie anschließend in Lawrence Kasdans nostalgischem *The Big Chill*.

Nach dem Selbstmord von Alex treffen sich seine Freunde aus der unruhigen Studentenzeit noch einmal wieder. Ihr gemeinsames Wochenende ist bestimmt von den Auseinandersetzungen über den Widerspruch zwischen der Realität und den Wünschen von gestern. Glenn Close spielt Sarah, gewissermaßen die Übermutter der Gruppe. Auch hier bewies sie ihre Fähigkeit zu ausdrucksvollem Spiel, das sensibel und sinnlich zugleich sein kann. Zum ersten Male ließ sie erkennen, worin ihre Aura besteht. Auf der Leinwand strahlt Glenn Close einen ungeheuren Charme aus, dem weder der Zuschauer noch die Filmcharaktere sich entziehen können. Auch Robert Redford nicht, dessen Partnerin sie in dem Baseball-Film *The Natural* wurde. Für diesen Film erhielt sie bereits ihre dritte »Oscar«-Nominierung, und das bei gerade fünf Filmen insgesamt. Glenn Close war zu einem Shooting-Star geworden, obgleich sie kaum Sexappeal zu haben schien. Das zeigte sich eigentlich erstmals in dem bösen Thriller *Jagged Edge*.

Als Anwältin Teddy Barnes verteidigt sie den unter Mordverdacht stehenden Verleger Jack Forrester. Dabei gerät sie in einen doppelten Konflikt. Mit dem anklagenden Staatsanwalt hat sie noch eine alte Rechnung zu begleichen, und in ihren Mandanten hat sie sich verliebt. Die beiden erleben eine Zeit der Leidenschaft. Nur mit knapper Not aber entgeht sie ihrer Ermordung, denn ihr Liebhaber ist tatsächlich der Täter. Glenn Close verkörperte in diesem Krimi, dessen Story an die besten *Films noirs* erinnerte, die Erotik einer reifen, aber einsamen Frau, die sich nach Liebe sehnt und dafür mit ihrer Leidenschaft zahlt. Ihre Ausstrahlung geriet dabei so intensiv, daß nicht weiter auffiel, daß sie keine glatte Titelbildschönheit ist. Fehlende physische Attribute ersetzte sie durch Charisma, die direkte Sexualität durch Emotionen. Doch war sie hier noch Opfer ihrer Leidenschaft, eigentlich ohne eigenen Willen. In dem noch böseren Thriller *Fatal Attraction* zeigte sie die Kehrseite der Leidenschaft.

Alex Forrest trifft auf einer Cocktail-Party den verheirateten Rechtsanwalt Dan, mit dem sie später eine Nacht verbringen wird. Während es für Dan ein unbedeutender Seitensprung bleibt, ist es für die psychisch kranke Alex ein richtiges Verhältnis. Sie beginnt, ihren Liebhaber für eine Nacht und dessen Familie zu terrorisieren, als Dan nichts mehr von ihr

Liebe mit dem Mörder. *Jagged Edge.*

79

wissen will. Dafür wird sie am Ende, so will es die Moral, mit ihrem Leben bezahlen. Der Film von Adrian Lyne, bekannt geworden durch seinen Erotik-Thriller *9½ Weeks*, zeigte eine Glenn Close, die einen sexuellen Alptraum verkörperte. Ziemlich direkt verführt sie den Mann, bringt ihn dazu, mit in ihr Appartement zu kommen, wo sich beide die Kleider vom Leibe reißen und es noch auf der Spüle ekstatisch treiben. Ihre blonden Haare sind wild durcheinander, sie wirkt wie das berühmte, allerdings etwas derangierte blonde Gift. Eine überaus attraktive Enddreißigerin, die für den Mann in der Geschichte schon einen Seitensprung zu lohnen scheint. Wahrhaft männermordend, ist Alex auch Opfer ihrer selbst.

Glenn Close glänzt durch eine Erotik, deren anfängliche Anziehungskraft sich umkehrt in Horror und Bedrohung. Zuerst sind die Zeichen der Veränderung nur in ihrem Gesicht, ihren Blicken wahrzunehmen. Dann in der hastigen, flehenden Redeweise. Doch da ist es schon zu spät. Die Affäre hat ihre psychischen Sperren gelöst, Alex rastet aus und wird zur tödlichen Gefahr für den scheinbar braven Mittelstandsbürger. Eine Sexgöttin wurde Glenn Close durch ihre Rolle nicht, aber zum Synonym für verbotene Sexualität, für die die Strafe auf dem Fuße folgt.

Ein Biest ähnlicher, wenn auch ungleich subtilerer Natur spielte sie dann in dem überaus kunstvollen *Dangerous Liaisons*. Als teuflische Marquise de Merteuil bringt sie den adligen Gigolo Vicomte de Valmont (John Malkovich) dazu, sich auf ihr Intrigenspiel einzulassen. Er soll die tugendhafte Madame de Tourvel (Michelle Pfeiffer) verführen und als Preis dafür die ersehnte Liebesnacht mit der Marquise erhalten. Der auf dem berühmten Briefroman von Choderlos de Laclos basierende Film von Stephen Frears ist ein faszinierendes Spiel um Verführung, Begierde und erotische Lustbarkeiten, ein Spiel mit großen Gefühlen und erhitzter Leidenschaft zwischen Samt und Seide. Die beiden Verbündeten in der erotischen Intrige aber werden zu Kontrahenten, ein jeder nur auf seinen Lustvorteil bedacht, und schließlich sogar zum Opfer des eigenen Ränkespiels. Der subtile Sarkasmus der Inszenierung fand seine Entsprechung in dem superben Spiel der Darsteller. Glenn

80

Gefährliche Leidenschaft. *Fatal Attraction.*

Close demonstriert, wieviel Erotik sich in einem Blick verbergen kann, der mehr aussagt, als auf zehn Drehbuchseiten beschrieben wird. Nuancen in der Sprechweise, kleine Gesten, und immer wieder Blicke bestimmen ihre Darstellung der boshaft lüsternen Marquise. »Glenn Close ist quasi die natürliche Wahl

81

Ein einzelner Blick sagt mehr aus. *Dangerous Liaisons.*

für die Rolle der Marquise«, äußerte sich Stephen Frears. »Sie ist ebenso robust wie kräftigend, begehrlich und begierig. Ich glaube, sie will, daß das Leben rot und glühend ist.«Wie nur wenige Darstellerinnen im Kino der achtziger Jahre transportierte Glenn Close wieder eine Erotik, die sich aus dem Verborgenen speisen und von ihren Geheimnissen lebt. Die Sexualität tritt hinter das kunstvolle Spiel mit der Verführung zurück, hinter das Spinnen eines Netzes, das mit aller Raffinesse über dem Mann ausgeworfen wird. Glenn Close knüpft an die Verführungskunst einer Carole Lombard oder Joan Crawford an, doch sie ist deren abgründige Tochter. Sie personifiziert den Zwiespalt zwischen dem Reiz des Verbotenen und der Lust am Genuß. Das macht sie zu keiner Göttin, aber zu einer ungemein starken Frau, die auf ihre Weise in den Kampf der Geschlechter eingreift und dabei ein Ziel hat: »Ich glaube«, sagte sie, »die Frauen sind eine sehr mächtige Spezies«. Glenn Close war im Kino der achtziger Jahre – und wird es auch in dem der neunziger sein – eine ihrer mächtigsten Vertreterinnen.

82

Filme

1981
The World According to Garp (Garp und wie er die Welt sah)
Regie: George Roy Hill, mit Robin Williams

1983
The Big Chill (Der große Frust)
Regie: Lawrence Kasdan, mit Tom Berenger, Kevin Kline
The Natural (Der Unbeugsame)
Regie: Barry Levinson, mit Robert Redford

1985
Jagged Edge (Das Messer)
Regie: Richard Marquand, mit Jeff Bridges

1986
Fatal Attraction (Eine verhängnisvolle Affäre)
Regie: Adrian Lyne, mit Michael Douglas

1988
Dangerous Liaisons (Gefährliche Liebschaften)
Regie: Stephen Frears, mit John Malkovich, Michelle Pfeiffer

1990
Reversal of Fortune (Die Affäre der Sunny von B.)
Regie: Barbet Schroeder, mit Jeremy Irons, Ron Silver

Jamie Lee Curtis
Herbe Kühle

Als Tochter des zeitweiligen Schauspieler-Ehepaars Janet Leigh und Tony Curtis teilte Jamie Lee Curtis das Schicksal vieler anderer »Hollywood-Kinder«, selbst die Schauspieler werden wollten. Nicht nur erlebte sie die scheinbar typische Kindheit und Jugend mit Scheidung der Eltern und abgebrochenem Studium, sie wurde anfangs immer auch an den Leistungen ihrer Eltern gemessen; ihr selbst traute man darstellerische Fähigkeiten kaum zu. Ein Vorurteil, das Jamie Lees erste Filme auch zu bestätigen schienen.

Inzwischen aber konnte sie sich nicht nur als ernstzunehmende, vorzügliche Darstellerin profilieren, sie etablierte sich auch als ein Liebling der Kritiker, die ihrem herben, androgynen Sexappeal verfielen. Schon als Kind hatte sie den Wunsch, ihren Eltern nachzueifern. Gemeinsam mit ihrer Schwester Kelly übte sie zu Hause, doch eine richtige Schauspielausbildung genoß sie nicht. Was auch nicht weiter von Belang ist, denn Jamie Lee Curtis besitzt Ausstrahlung. Das lange spitze Gesicht, ein hoch aufgeschossener, sehr schlanker Körper mit vollem Busen und nicht enden wollenden Beinen brachte ihr 1985 sogar die Auszeichnung ein, einen der »10 Best Bodies in America« zu haben.

Nach einigen kleinen Rollen in Fernsehfilmen und Episoden von Serien wie *Columbo* oder *Quincy*, in denen sie durch ihre aparte Erscheinung erste Aufmerksamkeit erregte, nahm ihre Schauspieler-Karriere einen zunächst nicht unbedingt vielversprechenden Anlauf. In John Carpenters *Halloween* spielte sie das junge Mädchen Laurie, das sich dem mörderischen Treiben eines geisteskranken Killers ausgesetzt sieht und dem sie nur entkommt, weil sie Gleiches noch einmal in der Fortsetzung *Halloween II* erleben mußte. Auch in Carpenters *The Fog* und Paul Lynchs *Prom Night* hat sie sich verrückten, mordenden Unholden zu erwehren. Ihr effektvolles Spiel in Horrorfilmen dieser Art, ihr angstvolles Schreien, das durch Mark und Bein

Einer der »10 besten Körper in Amerika«.

ging, ließ keinen Gedanken an ein, damals noch jugendliches, Sexsymbol aufkommen. Vielmehr belegte man sie mit dem durchaus reizvollen Ehrentitel »Queen of Screams«, der ihr eine ganz eigene Fangemeinde einbrachte.
Erst in der Komödie *Trading Places* zeigte sie an der Seite von Dan Aykroyd und Eddie Murphy, daß sie auch andere Vorzüge besitzt. Dem verblüfften Zuschauer präsentierte sich Jamie Lee Curtis als Nutte mit Herz. In dieser Geschichte eines Rollentauschs – Armer schlüpft in die Position des Reichen und

85

umgekehrt – war sie eine Art Katalysator zwischen den Helden und ließ erahnen, welche Ausstrahlung sie als Frau auf der Leinwand hat.

Jamie Lee Curtis ist dabei weder Verführerin noch Unschuld vom Lande. Sie hat keinen aufregenden Schmollmund, noch erzeugt ihr Augenaufschlag eiskalte Schauer, die den Rücken hinunterlaufen. *Trading Places* sah sie als eine junge Frau von großer Natürlichkeit und Selbstverständlichkeit, mit einer emotionalen Zurückhaltung, die sie, in der Rolle der Prostituierten, nie vulgär wirken ließ. Eine Szene aber war es, die sie berühmt machte. Sie erbarmt sich schließlich des armen Dan Aykroyd, der ihr dauernd von seinem Reichtum erzählt hatte und sich als unfähig für ein einfaches Leben erweist. Nicht einmal ihre Gefühle vermag er zu erkennen, und so legt sie eines Abends ihre Bluse ab und steigt nackt zu ihm ins Bett. Die Entkleidungsszene hatte keine unbedingt andere dramaturgische Notwendigkeit, als die, den schönen Busen von Jamie Lee zu zeigen. Ein unzweifelhaft voyeuristisches Unterfangen, aber eines, das Curtis mit ironischer Distanz bewältigte. Für ihre Karriere indes war diese Szene offensichtlich der richtige Anschub.

In *Perfect* tut sie zunächst noch nichts anderes als nur ihren Körper und dessen Proportionen zu demonstrieren. In der mißglückten Geschichte eines problembeladenen Reporters (John Travolta) spielte sie dessen Freundin. Ihre Garderobe bestand die meiste Zeit aus einem enganliegenden, die Formen betonenden Body-stocking, den sie in einem Fitneß-Studio vorführte.

Jessica (Curtis) ist Ausbilderin in einem Aerobic-Center, in dem sie hüftlahmen Sekretärinnen den richtigen Schwung beibringt. Dies auf eine derart erotisierende Weise, daß man den Recherchen des »Rolling-Stone«-Reporters Adam folgen mag, der in Aerobic-Centern verkappte Sexclubs vermutet. Tatsächlich scheinen Jessicas Bewegungen in einem hautengen, die wohlproportionierten Formen betonenden und die langen Beine herausstellenden Body-stocking eher zum Beischlaf aufzufordern, wie der verwirrte Reporter träumt, als Fitneß anzutrainieren. Doch natürlich wissen wir am Ende dieser Boy-meets-girl-Geschichte, in deren Verlauf die Turnerin sich in den Reporter

86

verliebt, obwohl sie diesen Berufsstand verabscheut, und der Journalist wegen einer anderen Geschichte in erhebliche Schwierigkeiten gerät, daß Aerobic tatsächlich nur Fitneß ist. Zuschauer und Kritiker waren sich bei diesem verworrenen Film einig, daß einzig die androgyne Erscheinung von Jamie Lee Curtis sehenswert war. Fotos von Jamie Lee im enganliegenden Fitneß-Dress erregten denn auch mehr Aufmerksamkeit als der Film selbst. Für die Darstellerin hatte dies allerdings zur Folge, als Schauspielerin immer noch nicht ernst genommen und als Sexkätzchen abgestempelt zu werden. Erst John Cleese, Mitglied der britischen Comedy-Truppe »Monty Python« entdeckte auch die komödiantischen Fähigkeiten von Jamie Lee Curtis.

Fit und sexy. *Perfect.*

A Fish Called Wanda hieß der Film und wurde ihr weltweit größter Erfolg bislang. Sie ist Teil eines Gaunerquartetts, das sich gegenseitig die Beute eines Juwelendiebstahls abzujagen versucht. Dabei hat sie am Ende die Brust vorn, denn sie setzt ihre stärksten Waffen ein: Intelligenz und Sex. Getarnt als brave amerikanische Studentin, spielt sie scheue Zurückhaltung, verführt mit aller kalkulierten Raffinesse einen britisch-steifen Anwalt und genießt es auch noch. Ihre einzige Schwäche ist dabei eine Vorliebe fürs Italienische und Russische in einer ganz bestimmten Situation. Das Überraschendste an dieser ausgelassenen anarchischen Komödie ist in der Tat die Besetzung mit Jamie Lee Curtis, die mit einer derartigen Spielfreude am Werk ist, daß John Cleese auch gleich seinen nächsten Film mit ihr drehen möchte. Aus der »Queen of Screams« wurde die »Queen of Comedy«. Eine Frau zeigt den Männern, was sie hat, vor allem, was sie ihnen voraus hat. Endlich wurde ihr die lang vorenthaltene schauspielerische Wertschätzung entgegengebracht. In der Tat ist es erstaunlich, mit welcher Ungezwungenheit Jamie Lee Aussehen, Stimmungen und Präsenz ändert. Ihr Sexappeal ist aufdringlich und direkt, dabei aber ironisch gebrochen. Sie wirkt schüchtern, nur um gleich darauf auf einem Computer »Wanna fuck?« einzugeben. Perfekt spielt sie auf der Klaviatur von Stimmungen, wechselt dabei wie ein Chamäleon die Farben. Alles ist ihr zuzutrauen, und man weiß, daß sie alles genießen wird.

Jamie Lee Curtis ist keine Göttin. Sie ist ein Typ, der sich nicht einordnen läßt und der charakterisiert ist durch eine gewisse Androgynität, die auf eigentümliche Weise Faszination ausübt. So war es fast eine logische Schlußfolgerung, daß die Regisseurin Kathryn Bigelow sie für ihren schwarzen Thriller *Blue Steel* in eine Polizeiuniform steckte, die jegliches Sexappeal zu unterdrücken scheint. Doch nicht bei Jamie Lee. Sie wirkt sanft und zurückhaltend, ist in Wirklichkeit aber eine starke Persönlichkeit. Ihre Attraktivität besteht darin, daß sie Männer dazu bringt, entdecken zu wollen, was hinter ihrem Äußeren steckt und eine attraktive Frau aus der harten Schale schälen möchten. Doch wenn es darauf ankommt, steht Jamie Lee ganz ihren Mann. Im finalen Shootdown jagt sie, körperlich und psychisch verletzt,

Die Männer im Griff. *A Fish Called Wanda.*

ein ganzes Magazin in den Mörder, der ihren Liebesakt mit einem Kollegen beobachtete, bevor er diesen dann fast umbrachte.

Die herbe Kühle und androgyne Schönheit der Jamie Lee Curtis

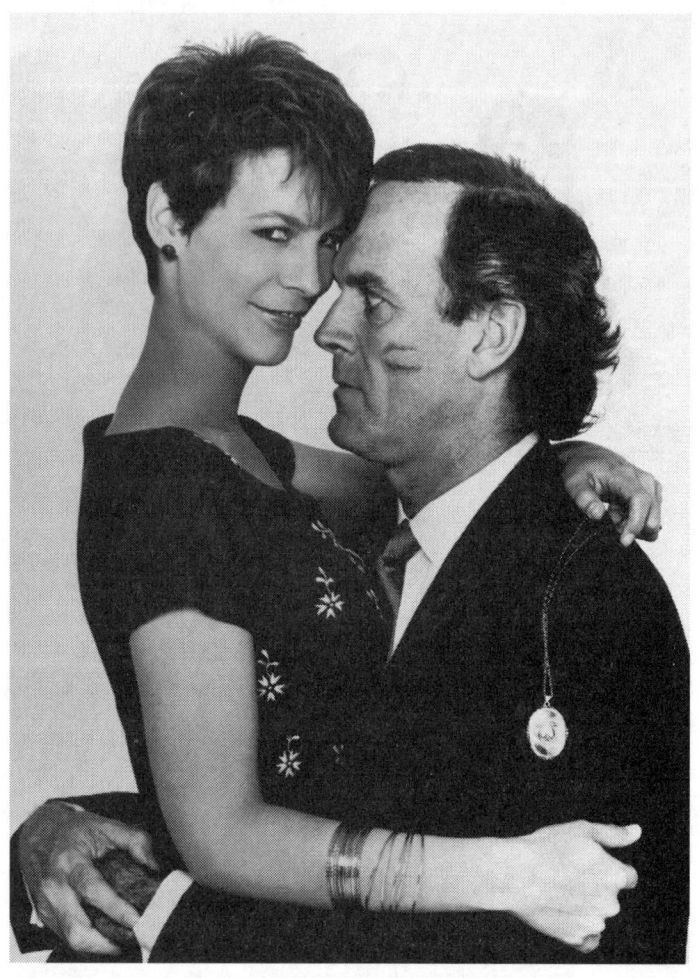
Verführungskunst mit Ironie. *A Fish Called Wanda.*

machen sie zu einer der interessantesten Darstellerin des Kinos der späten achtziger und beginnenden neunziger Jahre. Sie verkörpert einen Typus, aus dessen Verletzlichkeit Stärke erwächst, der die Grenzen seiner Körperlichkeit überwunden hat. Sie ist kein Sexstar, auch wenn sie eine Zeitlang dafür gehalten wurde. Sie ist eine moderne Frau, die sich in der Männerwelt behaupten kann, ohne dabei ihre Weiblichkeit zu verlieren. Darin steht sie in der Tradition einer Katherine Hepburn – einer Heldin aus Hollywoods Glanztagen.

Filme

1978
Halloween (Halloween – Die Nacht des Grauens)
Regie: John Carpenter, mit Donald Pleasance

1979
The Fog (The Fog – Nebel des Grauens)
Regie: John Carpenter, mit Adrienne Barbeau
Prom Night (Die Nacht des Schlächters)
Regie: Paul Lynch, mit Leslie Nielsen

1980
Terror Train (Monster im Nachtexpress)
Regie: Roger Spottiswoode, mit Ben Johnson

1981
Halloween II (Halloween II)
Regie: Rick Rosenthal, mit Donald Pleasance

1982
Trading Places (Die Glücksritter)
Regie: John Landis, mit Dan Aykroyd, Eddie Murphy

1985
Perfect (Perfect)
Regie: John Badham, mit John Travolta

1987
Un homme amoureux (A Man in Love)
Regie: Diane Kurys, mit Peter Coyote, Greta Scacchi
A Fish Called Wanda (Ein Fisch namens Wanda)
Regie: Charles Crichton, mit Kevin Kline, John Cleese

1989
Blue Steel (Blue Steel)
Regie: Kathryn Bigelow, mit Ron Silver

Béatrice Dalle
Lolita der Straße

Mit nur einem Film, ihrem ersten überhaupt, wurde Béatrice Dalle in Frankreich ein Superstar. Am 9. April 1986 kam *37°2 le matin* in die Pariser Kinos und sorgte für eine Sensation. Ein neues Sexsymbol war geboren. Endlich hatte Frankreich wieder jemanden wie die unvergessene Brigitte Bardot. Nicht allein der berühmte große Schmollmund verleitete die Kritiker zu diesem, nach nur einem Film sehr euphemistischen Vergleich. Auch ihr Blick eines wilden Kindes, die üppigen Formen ihres klassisch runden Körpers und ihr ungekünsteltes, unbefangenes Auftreten verzauberten Kritik und Publikum.

37°2 le matin beginnt mit einem Schock. Eine heftige, langanhaltende Liebesszene auf einem zerwühlten Bett, täuschend echt und fast pornografisch. Betty und Zorg (Jean-Hugues Anglade) sind ein Paar, ungezwungen und frei. Sie leben in einer Hütte am Strand, deren Besitzer sie alle anderen Hütten anstreichen läßt. Bis es Betty reicht, sie dem Besitzer Farbe übers Auto schüttet und später die Hütte anzündet. Zorg und Betty ziehen zu Freunden, jobben in einer Pizzeria. Doch Bettys Ziel ist, Zorg zu einem bekannten Schriftsteller zu machen, nachdem sie ein Manuskript gefunden, abgetippt und an Verleger geschickt hat. Das Warten auf eine positive Antwort treibt sie, die jegliche Autorität ablehnt und sich am liebsten unbekleidet durch die Wohnung bewegt, allmählich in den Wahnsinn. Immer wieder gibt es heftige Auseinandersetzungen zwischen ihr und Zorg, doch am Ende steht die Versöhnung im Bett. Noch einmal ziehen sie um, übernehmen in einer Kleinstadt auf dem Lande ein Klaviergeschäft. Doch Zorg kann nicht mehr verhindern, daß sich Betty ihm nach und nach entzieht. Da hilft auch seine Liebe nicht. Betty versinkt in Apathie und landet in einer Nervenheilanstalt. Die Ärzte erklären sie für unheilbar geisteskrank. Zorg weiß nur noch einen Ausweg. Als Frau verkleidet schleicht er sich in die Klinik und erstickt Betty mit einem Kissen.

Nicht allein die dralle Erotik von Béatrice Dalle war für die

Erinnerung an den Mythos B. B. *37°2 le matin.*

Sensation, die diese moderne »amour fou«, deren Story sehr nach Kolportagegeschichte aussah, verantwortlich. Hinzu kam der Umstand, daß die Hauptdarstellerin zuvor völlig unbekannt war. Noch nie hatte sie in einem Film mitgespielt oder auf der Bühne gestanden. Die am 19. Dezember 1964 geborene Béatrice Dalle hatte sich bis dahin ohne viel zu arbeiten durchs Leben geschlagen. Schon als Teenager war sie zu einem Freund nach Paris gezogen und genoß das großstädtische Nachtleben. Als sie eines Tages über die Champs-Elysées schlenderte, wurde sie von einem Mann angesprochen, der ihr vorschlug, ein paar Aufnahmen von ihr zu machen. Die Fotos entstanden und erschienen in einer Zeitschrift, die vier unterschiedliche Lolitas vorstellte. Eine davon war Béatrice Dalle als »Lolita der Straße«.

93

Ein Casting-Direktor (später ihr Agent) sah die Fotos und zeigte sie dem Regisseur Jean-Jacques Beineix, der Béatrice zu Probeaufnahmen einlud und von ihrer Natürlichkeit begeistert war. Die Besetzung der Betty für seinen Film *37°2 le matin* war gesichert.

Béatrice Dalle, deren liebste Beschäftigung eigenen Aussagen zufolge das Nichtstun ist, brachte in ihre Rolle eine für einen Laien unglaubliche Unbefangenheit ein, obwohl sie häufig Nacktszenen zu spielen hatte. Für sie bedeuteten diese Szenen einen Kampf mit sich selbst, würde sie doch privat nie derart unbekleidet umherlaufen. Sie mußte den Charakter der Betty erst begreifen lernen und lehnte dabei manche Forderung des Regisseurs ab. »Diese Nackt-Geschichten sind wirklich eine Sache der Alt-68er, eine Sache der vierzigjährigen Typen, die sich einbilden, eine Frau nackt zeigen zu müssen, um deren Freiheit zu dokumentieren. Doch diese Vorstellung von Freiheit ist vorbei. Heutzutage muß man nicht mehr mit jedem schlafen oder nackt am Strand rumlaufen, um frei zu sein.« (In: Studio Magazine, April 1988). Aber sie zeigte mit erstaunlicher Ungezwungenheit ihre üppigen Formen, weil es die Rolle letztlich so verlangte. Über Nacht stieg sie dadurch zu einem Sexsymbol auf, dessen Typus nostalgische Erinnerungen evozierte und sich dem Sexappeal von vielen Darstellerinnen des Kinos der achtziger Jahre widersetzte. Ihre Erotik in *37°2 le matin* ist alles andere als zart. Stattdessen strahlt sie eine Direktheit aus, die sie in die Nähe eines Pin-up-girls rückte. »Natürlich gefällt es mir, wenn man sagt, daß ich ein Sexsymbol bin«, äußerte sich Béatrice Dalle (In: Studio Magazine) zu ihrem Image in der Öffentlichkeit. Wie ihr erster Film erlangte auch sie selbst einen Kultstatus. Dennoch drehte sie erst zwei Jahre nach ihrem Sensationserfolg ihren nächsten Film. Natürlich überschüttete man sie mit Drehbüchern, nach denen sie meist nackt umherlaufen sollte. Béatrice Dalle gab sich dem Nichtstun hin, genoß das Leben mit ihrem Mann, einem Maler.

In ihrem nächsten großen Film indes gab es erneut Nacktszenen. In *La visione di Sabba* spielte sie unter der Regie des Italieners Marco Bellocchio eine Hexe zur Zeit der Inquisition. Die wurden bei Verhören oder Folterungen völlig entkleidet.

Üppige Lolita von der Straße. *37°2 le matin.*

Ihre barocke Figur prädestinierte Béatrice Dalle in den Augen ihres Regisseurs für eine derartige Rolle. Doch wie zu befürchten, spekulierte der Film viel zu sehr mit der aggressiven erotischen Ausstrahlung seiner Hauptdarstellerin, statt sie in die Handlung zu integrieren. Der Popularität von Béatrice Dalle tat dies in Frankreich indes keinen Abbruch. Publikum und Kritik

Der Schmollmund weckt Erwartungen. *37°2 le matin.*

vergöttern sie weiterhin. Nicht als Schauspielerin sondern als eine Persönlichkeit, deren Ausstrahlung auf der Leinwand von seltener sinnlicher Präsenz ist. Wie die großen Stars des Kinos wirkt auch sie mehr durch ihre Ausstrahlung als durch ihr darstellerisches Können, dessen Grenzen sie selbst kennt und eingesteht. In nur wenigen Filmen bewies sie - und dies nicht allein als Sexsymbol –, daß ihre Natürlichkeit, ihre Ungezwungenheit, ihre rebellische Attitüde ihre eigentlichen Stärken sind. Eine »Lolita der Straße«, die zur Traumfrau und zum Vorbild wurde.

Filme

1986
37°2 le matin (Betty Blue – 37,2 Grad am Morgen)
Regie: Jean-Jacques Beineix, mit Jean-Hugues Anglade

1988
La visione di Sabba (Sabba – Die Hexe)
Regie: Marco Bellocchio, mit Daniel Ezralon

1989
Les Bois noirs
Regie: Jacques Deray, mit Philippe Volter
La vengeance d'une femme
Regie: Jacques Doillon, mit Isabelle Huppert

Bo Derek
Traumfrau als Pin-up

Für annähernd ein halbes Jahrzehnt war sie die Traumfrau der achtziger Jahre. Bo Derek in einem einteiligen, straffen Badeanzug oder einem durchnäßten T-Shirt, unter dem sich die wohlproportionierten Körperformen abzeichneten. Die langen blonden Haare waren zu Zöpfchen mit bunten Perlen gezwirbelt wie bei einer Afrikanerin. Der Anlaß, daß die Welt ein neues Sexsymbol hatte, war Bo Dereks Auftritt in der Komödie *Ten*, im Deutschen treffend um den Zusatz »die Traumfrau« ergänzt. Ihre makellose Schönheit traf den Nerv der Zeit, sie verkörperte ein bestimmtes Ideal, das in Annäherung an die »californian girls« Sauberkeit und sexuelle Erfüllung verhieß. Ihr perfekter Körper, von Regisseur Blake Edwards als erotische Traumvorstellung inszeniert, der seine Geheimnisse zwar andeutet aber nicht preisgibt, ließ dabei jene Makellosigkeit nur erahnen, die Bo Derek in ihren folgenden Filmen dann ausgiebig vorführte. In *Ten* ist Bo Derek die begehrenswerte Blondine, die nach einem flüchtigen Blick zum Wunschobjekt eines Mannes in der Midlife-Crisis wird. Dessen Versuche, der unbekannten, fernen Schönheit näher zu kommen, schlagen auf brillant komische Weise fehl. Erst in einem mexikanischen Urlaubsort, wohin sich Dudley Moore als liebessüchtiger Erfolgsmensch geflüchtet hat, kommt es zur richtigen Begegnung mit seinem Objekt der Begierde. Zuvor allerdings führte Bo Derek immer wieder vor, wie ansehlich sie in einem Badeanzug oder einem nassen T-Shirt ist. Regisseur Edwards ließ die Chance nicht ungenutzt.
Er präsentierte seine Darstellerin – zuvor nur in einem Softporno und einem Katastrophenfilm aufgetreten – auf eine Weise, die Sehnsüchte weckt, die die Frau am Strand zum Idol eines Traumes stilisiert, in ihrer Schönheit unerreichbar für den Normalsterblichen, der sich ihr allenfalls mit einem Pin-up-Bild an der Wand oder im Spind näher fühlen kann. Das Bild der langbeinigen Blonden mit den türkisfarbenen Augen und den perfekten Maßen, ließ Edwards geschickt verhüllt. Umso mehr

Ein Pinup-Girl wird zur Traumfrau.

regte dies die Phantasie vor allem der männlichen Zuschauer an.
Doch auch für viele Frauen hatte Bo Derek eine Vorbildfunktion. Wie sie versuchten viele, im Fitneß-Studio einen gleichermaßen ästhetischen wie athletischen Körper zu formen. Für

Freikörperkultur zu Pferde. *Bo-Bolero.*

eine Weile war Bo Derek das Sexsymbol der achtziger Jahre schlechthin. Ihr Auftritt in *Ten* blieb allerdings etwas Einmaliges. Etwa zwanzig Minuten genügten, um aus dem unbekannten Starlet über Nacht einen Star zu machen. Eine Traumfrau in doppelter Hinsicht. Daß für Dudley Moore, diesen komödiantischen Stellvertreter der (männlichen) Zuschauerträume, die heiß ersehnte Liebesnacht mit der aufregenden Schönheit anders als erträumt ausfiel, gehört dabei zum Gesetz einer Komödie.

Wie sehr Blake Edwards mit seiner am Pin-up-Foto orientierten Inszenierung perfekter Körpermaße und -formen ein Idol schuf, zeigte sich in den folgenden Filmen seiner Hauptdarstellerin.

100

Als Mary Cathleen Collins am 20. Dezember 1955 geboren, erregte die langbeinige Blondine aus Kalifornien noch als Teenager das Interesse eines gewissen John Derek, der Filmbranche vor allem als Ehemann bekannt. Recht bald war denn

Suche nach dem Stier – inszenierte Verruchtheit. *Bo Derek's Ekstase.*

Traumfrau für den Spind. *Ghosts Can't Do It.*

auch die schöne Mary Cathleen eine verheiratete Derek. Häufig Darsteller, Autor, Produzent, Kameramann und Regisseur in Personalunion, hatte ihr umtriebiger Gatte bereits die Karrieren zweier seiner Ex-Frauen, Ursula Andress und Linda Evans, zielstrebig gesteuert. Beide im übrigen blond und wohlgeformt. Doch in der halb so alten Mary Cathleen sollte Derek seine private Traumfrau finden, die er nach seinem Gusto gestalten und einsetzen konnte.

Nach ihrem Erfolg in *Ten* spielte Bo denn auch fast nur noch in den Filmen ihres Mannes. Der wußte um die Vorzüge seiner Frau und konstruierte die Filme entsprechend. *Tarzan, The Ape Man* (1981), *Bo-Bolero* (1984) und *Ghosts Can't Do It* (1989) ließen die Kritiker, trotz Bos Erscheinung, die Hände vorm Gesicht zusammenschlagen. Denn, was eine Augenweide sein sollte, entpuppte sich als Qual. Drehbücher und schauspielerische Leistung des Stars erfüllten nicht einmal unterste Qualitätsansprüche. Ungeniert setzte (und setzt) Regisseur John Derek

102

auf die körperlichen Vorzüge seiner Frau. In den handlungsarmen Streifen, gedreht meist vor exotischer Kulisse, räkelt sich Bo in Standardsituationen. Im Wasser, am Strand, mal nur mit einem nassen T-Shirt bekleidet, meist allerdings völlig entblättert, hingebungsvoll in den Armen eines kräftigen Mannes. Spießbürgerliche Erotikvorstellungen finden sich da auf das Niveau eines Herrenmagazins kondensiert, die feuchten Träume sind die eines alten Mannes und werden von den wenigsten nachvollzogen. Kein Wunder, daß vor allem in den USA nicht nur der Erfolg ausgeblieben ist, sondern das Pärchen John und Bo Derek vielfach mitleidig belächelt wird. Auch in Europa finden sich inzwischen die platt erotischen Werke der Dereks nur noch in schummrigen Ecken von Videotheken, die indes allemal härtere Kost anbieten.

Außerdem – auch ein noch so perfekt geformter Körper und ein klassischer Stiptease können nicht fehlendes erotisches Fluidum oder gar eine Handlung ersetzen. Sehr bald hatte sich die Traumerscheinung der Bo Derek abgenutzt, waren ihre Reize als künstlich erkannt und aus dem öffentlichen Bewußtsein verschwunden. Denn Bo Derek fehlt vor allem eins: die Persönlichkeit, die auf der Leinwand wirkt. Aus der Göttin wurde wieder eine Gottheit, die man sich in den Spind hängen kann.

Filme

1979
Ten (Ten – die Traumfrau)
Regie: Blake Edwards, mit Dudley Moore

1981
Tarzan, the Ape Man (Tarzan, Herr des Urwalds)
Regie: John Derek, mit Mile O'Keefe

1984
Bo-Bolero (Ekstase)
Regie: John Derek, mit George Kennedy

1989
Ghosts Can't Do It (Mein Geist will immer nur das eine)
Regie: John Derek, mit Anthony Quinn

Maruschka Detmers
Die Wilde

Aus der Anonymität einer jungen Holländerin, die darauf hoffte, in Paris den Durchbruch zu schaffen, wurde Maruschka Detmers, Tochter eines Veterinärs, über Nacht herausgeholt. In einer Rolle zudem, die als klassisch gilt. In Jean-Luc Godards *Prénom Carmen* spielte sie die Titelfigur. Eine wilde Schönheit, eine »Fille fatale«, die den Männern den Kopf verdreht.
Es war der erste Film für Maruschka Detmers, die von Godard direkt aus der kleinen Pariser Schauspielschule »Court Florent«

Bewunderung für die Frau im Mädchen. *Prènom Carmen.*

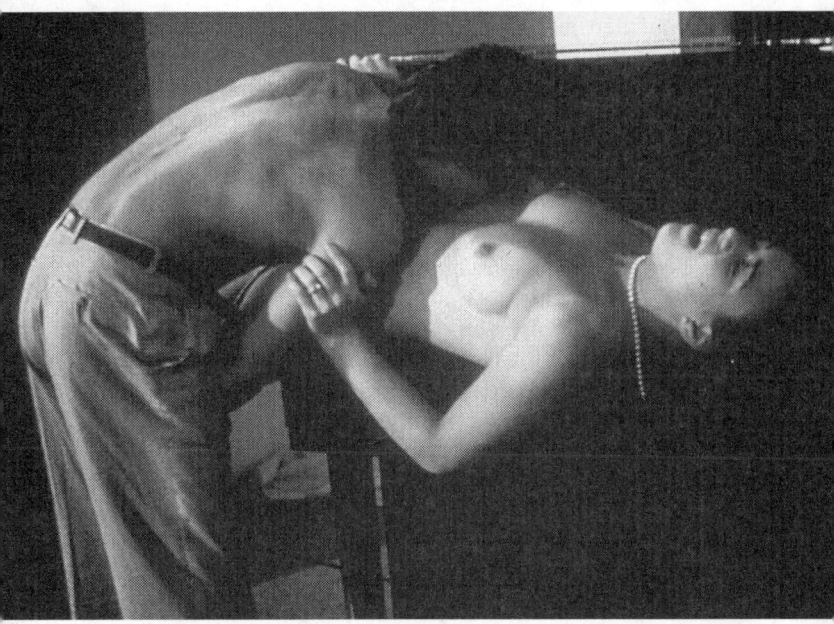

Lustvolle Hingabe. *Teufel im Leib*.

vom Fleck weg engagiert wurde, in der sie 1980 nach einer Zeit als Au-Pair-Mädchen aufgenommen wurden war. Eigentlich sollte Isabelle Adjani die Rolle spielen, doch nach tiefgehenden Meinungsverschiedenheiten des Stars mit dem eigenwilligen Regisseur verließ sie das Projekt. Obwohl der Film dann nur wenig Zuschauer hatte, bedeutete er für die unbekannte Maruschka Detmers den Durchbruch. Denn die Kritiker hatten ein neues Gesicht entdeckt, das viel versprach.

Godards Version von »Carmen« ist eine sehr eigenartige Verfilmung dieser klassischen Geschichte einer Verführung. Er selbst spielt darin Carmens Onkel, einen Filmregisseur ohne Fortüne. Seine Nichte überredet ihn dazu, ihr seine Wohnung zu überlassen, denn sie will mit einigen Leuten einen Film drehen. In Wirklichkeit aber gehört sie einer Terroristengruppe an, die einen Banküberfall plant. Bei diesem Überfall stößt

105

Carmen auf den jungen Polizisten Joseph, der sie gefangen nimmt, ihr aber auch sogleich verfallen ist. Beide verbringen eine stürmische Liebeszeit in einem Haus am Meer, bevor Carmen wieder einen Überfall plant. Dazu trifft sie den Chef der Gruppe, mit dem sie ein Verhältnis hatte. Joseph, der vor allem ihren Körper bewundert, erschießt Carmen am Ende während des Überfalls.

In Maruschka Detmers fand Godard eine Darstellerin, die seiner Konzeption, den Ritualen von Sex und Gewalt das intensive Einstudieren eines Beethoven-Quartetts kontrapunktiv entgegenzusetzen, ideal entsprach. Dazwischen geschnitten immer wieder Aufnahmen vom Meer. Erotik verbindet sich mit Terror, Musik mit der See. Godards Carmen läuft meist nur knapp oder gar nicht bekleidet durch die Räume. Maruschka Detmers, bei den Dreharbeiten gerade zwanzig Jahre alt, führte einen Jungmädchenkörper vor, der schon sehr fraulich wirkte. Auf ihrem Gesicht, in ihrem Blick, schien sich Lebenserfahrung widerzuspiegeln, auch eine gewisse Traurigkeit. Die Erotik, die Maruschka Detmers als Carmen ausstrahlte, wirkte dadurch irdisch, sehr natürlich und einfach. Ein schöner Körper in seiner ganzen Blüte. Nicht mehr, aber auch nicht weniger. Keine Traumfrau, sondern ein Mädchen von nebenan. Dabei wirkte sie aber nicht brav oder gar langweilig. Godards Carmen – und das war der Verdienst von Maruschka Detmers – ist keine Verführerin. Zwar verfallen ihr die Männer, doch nicht wegen ihres Aussehens. Es sind die durch ihre Rolle scheinende Ungezwungenheit und das Versprechen nicht allein sexueller Abenteuer, die sie anziehend machen, auch wenn sie ausgezogen ist.

In Jacques Doillons *La Pirate* spielte Maruschka Detmers wieder eine junge Frau, deren Verhalten geprägt ist von emotionaler Wildheit und Unkonventionalität. Mit einer anderen Frau geht sie ein lesbisches Verhältnis ein, was deren Ehemann zur Verzweiflung bringt. Doch auch die Liebe zwischen beiden Frauen ist nicht ohne Konflikte. Doillon setzt seine Figuren einem Wechselbad der Gefühle aus, wie letztlich auch den Zuschauer. Stärker als in *Prénom Carmen* ist das Spiel von Maruschka Detmers in diesem Film körperbetont. Sie ist eine

106

sehr physisch agierende Darstellerin, deren Subtilitäten sich nicht im Gesicht, sondern in den Bewegungen ihres Körpers ausdrücken. Ihre erotische Ausstrahlung wird denn auch mehr von dem Versprechen einer ungezügelten Wildheit charakterisiert.

Nach einer Hauptrolle in dem deutschen Fernsehmehrteiler *Via Mala* – sie wurde dadurch in Deutschland ungeheuer populär – machte Maruschka Detmers, schon ein wenig abgestempelt als Sexstar, durch eine schockierende Sensation auf sich aufmerksam. In der italienischen Neuverfilmung des Romans »Le diable au corps« war sie mit ihrem Filmpartner in einer echten Fellatio-Szene zu sehen. So etwas hatte es zuvor nur in Pornofilmen gegeben, doch der Regisseur Marco Bellocchio erhob mit seinen *Il diavolo in corpo* einen Kunstanspruch.

Sex nah am Porno. *Le diable au corps.*

107

Nacktheit verdrängt Erotik. *Le diable au corps.*

Die hübsche Giulia ist die Verlobte eines geständigen Terroristen, den sie nach seiner kurz bevorstehenden Freilassung heiraten wird. Da lernt sie den Gymnasiasten Andrea (Federico Pitzalis) kennen und wird von seiner Liebe mitgerissen. Giulia, wegen ihrer psychischen Labilität in Behandlung, erlebt Tage

Publicity-Foto für *Le diable au corps*. Künstliche Erotik.

der sexuellen Begierde und Erfüllung. Währenddessen verschlechtert sich ihr psychischer Zustand. Sie rückt dem Wahnsinn immer näher. Als dann ihr Verlobter frei ist, entschließt sie sich am Tage ihrer Hochzeit für Andrea.
Obwohl sich Maruschka Detmers viel Mühe gab, ihre Giulia

glaubhaft wahnsinnig werden zu lassen, bleibt – trotz der Beratung durch einen Psychiater – ihre Darstellung recht ausdruckslos. Zu keiner Zeit vermittelt *Il diavolo in corpo* zudem in seinen an der Werbeästhetik orientierten Bildern etwas von der Gefühlsebene der Charaktere. Unklar bleibt die Geschichte Giulias, ihr Verhalten scheint einzig dazu zu dienen, den attraktiven Körper der Hauptdarstellerin vorzuführen. So wirkt denn auch die Fellatio-Szene – dramaturgisch überflüssig – nur spekulativ.

»Das Paradoxe an intimen Filmszenen ist«, äußerte sich Maruschka Detmers zu ihren Sexszenen, von deren Notwendigkeit sie überzeugt war, »je intimer sie sind, desto weniger nimmt man den Partner überhaupt zur Kenntnis, desto mehr macht man eine Projektion seiner eigenen Phantasien. Ich habe keinen Moment an Federico Pitzalis oder Maruschka Detmers gedacht. Ich bin Schauspielerin und lebe da nicht mein eigenes Leben aus.« (In: Spektrum Film, Juli/August 1986).

Die Kritik reagierte mit entsprechenden Verrissen auf einen Film, der von einer verrückten Liebe, sexuellen Ekstase und Wahnsinn sprechen will, aber letztlich an seiner spekulativen Erotik scheitert.

»Immerhin ist Maruschka Detmers die eleganteste Schizophrene der Filmgeschichte. So schön war Wahnsinn noch nie.« (Angie Dullinger, AZ).

Nach dem Skandal von *Il diavolo in corpo* ist es etwas stiller um Maruschka Detmers geworden, die die Gefahr erkannte, endgültig zu einem Sexstar abgestempelt zu werden. Ihre erotische Ausstrahlung indes, die Wildheit und Ungezwungenheit verspricht, gehört unzweifelhaft zur Geschichte des französischen Films in der zweiten Hälfte der achtziger Jahre.

Filme

1983
Prénom Carmen (Vorname Carmen)
Regie: Jean-Luc Godard, mit Jacques Bonnaffé

110

1984
Via Mala (TV)
Regie: Tom Toelle, mit Mario Adorf
La pirate (Die Piratin)
Regie: Jacques Doillon, mit Jane Birkin

1986
Il diavolo in corpo (Der Teufel im Leib)
Regie: Marco Bellocchio, mit Federico Pitzalis

1988
Hanna's War (Hanna's War)
Regie: Menahem Golan, mit Ellen Burstin

Melanie Griffith
Verführerische Wildheit

Zu einem Star wurde sie durch eine Rolle als kleine, aber zielstrebige Sekretärin, die sich den Freund ihrer Chefin angelt und dabei Karriere macht. *Working Girl* war ihr Durchbruch auf der Leinwand und verschaffte seiner Heldin Melanie Griffith ein neues Image. Die 1957 geborene Tochter der Schauspielerin Tippi Hedren, die als die Heroine der beiden Hitchcock-Filme *Birds* und *Marnie* zum Objekt der Sadismen des Suspense-Meisters geworden war, teilte das Schicksal so vieler Kinder bekannter Hollywood-Stars. Sie durchlief alle Phasen einer Identitätssuche, die sie am Boden zerstört und immer wieder obenauf sah.

Bereits mit fünfzehn Jahren verließ Melanie ihr Elternhaus – nachdem sie bereits in einigen Werbespots mitgewirkt hatte – und versuchte eine eigene Karriere. Die war wenig vielversprechend. Schnell hatte sich das Image der blonden Nymphe in den Köpfen der Filmindustrie festgesetzt, zumal auch ihr stürmisches Privatleben wenig Anlaß dazu gab, in ihr eine ernsthafte Schauspielerin zu vermuten. Noch ein Teenager, lebte sie schon mit einem unbekannten Schauspieler namens Don Johnson zusammen, war sogar kurze Zeit mit ihm verheiratet und plagte sich ansonsten mit Alkohol- und Drogenproblemen herum. Eine Phase, die sie bis heute immer noch nicht gänzlich überwunden hat. Nach einer zwischenzeitlichen Ehe mit dem Schauspieler Steven Bauer, von dem sie einen Sohn hat, kam es wieder zur Verbindung mit Don Johnson. Und immer wieder Entziehungskuren. Das hinterließ Spuren im Gesicht von Melanie Griffith, die älter wirkt als sie in Wirklichkeit ist. Doch diese Spuren sind es auch, die ihre letzten Filme, nach einer Reihe mittelmäßiger Streifen, prägen. In den Großaufnahmen zeigt sich, daß ihr Gesicht eine Geschichte hat, daß es das Leben pur ausdrückt. »Ihr Gesicht, ihre Augen sind durchsichtig«, beschrieb *Working Girl*-Regisseur Mike Nichols seinen neuen Star.

Blonde Nymphe oder raffinierte Verführerin. *Body Double.*

»Man kann in ihre Gefühle hineinsehen, kann ihre Gedanken lesen. Sie ist ein bißchen wie ein sehr kleiner, sorgfältig abgeschirmter Atomreaktor mit einer sehr intensiven Leuchtkraft in ihrer Mitte: Sie spielt nicht, sie lebt.«
Ihre Auftritte als vierzehnjährige Nymphe in den ausgezeichneten Detektivfilmen *Night Moves* und *The Drowning Pool*, beide von 1975, sahen sie als Typ besetzt, nicht als schauspielerisches Talent, formten aber dennoch ihr frühes Image der wasserstoff-

blonden Kindfrau. Ihre Karriere verlief zu diesem Zeitpunkt ohne Höhepunkte. Als sie dann auch noch von einem betrunkenen Autofahrer angefahren und verletzt wurde, nachdem sie selbst gerade eine Bar verlassen hatte, beschloß sie, ihr Leben zu verändern. 1981 zog sie nach New York und begann, bei Stella Adler, der Lehrerin unter anderem von Marlon Brando, am Actors' Studio zu studieren. Es war ein entscheidender Schritt, lernte sie doch, mit Drehbüchern und Stoffen und ihrem eigenen Talent erfolgbringend umzugehen. 1984 dann der erste Erfolg. Brian De Palma besetzte sie in seinem Hitchcock-Plagiat *Body Double*.

Der Kleindarsteller Jake (Craig Wesson) leidet an klaustrophobischen Anfällen und verliert deshalb seinen Job in einem drittklassigen Horrorfilm. Nachdem er auch seine Freundin mit einem anderen erwischt hat und auf der Straße steht, bringt ihn ein Kollege in seiner luxuriösen Wohnung unter, bevor er selbst verschwindet. Auffallendstes Requisit dort ist ein Teleskop, das zu benutzen Jake nicht lange widerstehen kann. Objekt seines Voyeurismus' ist eine Wohnung, in der eine blonde Schönheit (Griffith) jeden Abend einen aufreizenden Striptease hinlegt. Jake folgt der unbekannten Stripperin und wird durch sie in ein Mordkomplott verwickelt. Vergeblich versucht er die Ermordung (mit einer Bohrmaschine) von Holly Body zu verhindern, nur um später zu entdecken, daß es sich um ein Body Double, eine Doppelgängerin gehandelt hat. Die echte Frau entdeckt er durch Zufall als Darstellerin in einem Pornofilm. Alles, so stellt sich heraus, war eine Inszenierung, die Jake zum Zeugen eines, in Wahrheit an einer anderen begangenen Verbrechens machen sollte. Melanie Griffith gelang es, mit der Rolle der Holly Body, ihr Image des blonden Nymphchens ohne Verstand gründlich zu revidieren.

In *Body Double* personifizierte sie die absichtsvoll-aufreizende Erotik und die leuchtende Verlockung des Fleisches. Sie spielte einen Vamp des Pornozeitalters, in dem die Frauen zur Ware wurden. Dementsprechend besitzt ihre Holly Body etwas von einer Geschäftsfrau. Der Sex ist käuflich und die Träume haben ihren Preis. Das hat eine schizophrene Note, denn hinter der kühlen Fassade verbirgt sich eine menschliche Natur. Melanie

Griffiths Gesicht, nicht ihrem attraktiven Körper, ist dies abzulesen. Für Jonathan Demme, den Regisseur ihres nächsten Films *Something Wild*, war diese Lebenserfahrung und diese schizophrene Note der Anstoß, sie in der Rolle der wilden Lulu/ Audrey zu besetzen.
Melanie Griffith verkörperte in *Something Wild* eine höchst unkonventionelle junge Frau. Lulu, die mit ihrer schwarzen Perücke wie eine Neuausgabe des männerfressenden Vamps Louise Brooks wirkt, angelt sich den scheinbar sehr bürgerlichen Angestellten Charles und macht sich mit ihm auf eine Reise in ihre Vergangenheit. Der überraschte Charles, der auf ein erotisches Abenteuer mit der ganz in schwarz gekleideten und mit buntem afrikanischen Schmuck behangenen mysteriösen

Es ist Gefahr im Verzug. *Body Double.*

115

Verlockung des Fleisches. *Body Double.*

Frau hofft, findet sich in einem Motel ans Bett gefesselt wieder und kann der sexuellen Attacke Lulus nichts entgegensetzen. Vor allem diese Szene, in der sich Lulu des Mannes bedient, um ihren Spaß zu haben, verschaffte dem Film den Ruf eines Kultwerkes und Melanie Griffith wieder ein neues Image als männerverschlingender Vamp mit dem direkten Sexappeal. Ihrer subtilen Darstellung ist zu verdanken, daß Lulu keine peinliche Figur, sondern zu einem liebenswert schizophrenen Charakter wird. Die Komplexität ihrer Rolle verhinderte andererseits, daß Melanie Griffith allzu leicht etikettiert werden konnte. Zwar spielte sie in *Something Wild* eine Verführerin, doch mit der traditionellen Erotik der Verführung hatte dies wenig zu tun. Sex erscheint als eine lustvolle Notwendigkeit, die zu befriedigen alle Mittel rechtfertigt. Das geschieht ohne Perversität, doch nicht eben konventionell. Doch Konventionalität war Melanie Griffiths Sache ohnehin nie.
Deshalb ist *Working Girl*, der Film, der sie zu einem Star werden

116

Unkonventionelle Sex-Attacke. *Something Wild.*

ließ, im Grunde der unbefriedigendste in der neuen Karriere von Melanie Griffith. Die Geschichte einer Sekretärin, die entdeckt, daß ihre Chefin (von Sigourney Weaver als antipathisches Ekel verkörpert) ihre Ideen als die eigenen ausgibt und deshalb einen Unfall ihrer Chefin nutzt, um selbst als Geschäftsfrau und Urheberin der revolutionären Ideen aufzutreten und dabei noch den Mann (Harrison Ford) ihrer Träume zu angeln, ist so banal wie sie klingt. Doch Melanie Griffith konnte zum ersten Male zeigen, daß sich das Studium am Actors' Studio bezahlt gemacht hatte. Sehr gelungen ist ihre Wandlung von der etwas vulgären Vorstadt-Sekretärin aus dem Arbeitermilieu zur eleganten Geschäftsfrau mit Stil. Es scheint, als wäre der Preis für die schauspielerische Anerkennung der Verlust des Mutes zur Unkonventionalität. Melanie Griffith gelang die erstaunliche Wandlung von der blonden Nymphe über den Vamp zur »normalen« Frau. Das zeigt zwar schauspielerisches Können, doch ebenso bedeutet es die Aufgabe einer unorthodoxen Persönlichkeit. Dem Kino ist eine neue Jean Harlow verloren gegangen, doch es hat – vielleicht – eine Melanie Griffith gewonnen. Die Aussichten bleiben ungewiß.

Filme

1984
Body Double (Der Tod kommt zweimal)
Regie: Brian De Palma, mit Craig Wesson

1986
Something Wild (Gefährliche Freundin)
Regie: Jonathan Demme, mit Jeff Daniels

1988
Stormy Monday (Stormy Monday)
Regie: Mike Figgis, mit Sting, Tommy Lee Jones
Working Girl (Die Waffen der Frauen)
Regie: Mike Nichols, mit Harrison Ford, Sigourney Weaver

Valerie Kaprisky
Die öffentliche Frau

»Die öffentliche Frau« - der (deutsche) Titel dieses Films - könnte symptomatisch sein für die Laufbahn von Valerie Chérès, die in Frankreich zeitweilig nach ihrem Künstlernamen »La Kaprisky« genannt wurde. Durch zwei Filme brachte sie sich in den Ruf, die Nachfolgerin der schmerzlich vermißten Brigitte Bardot zu sein. Ein Ruf, zu dem auch schon andere, etwa Béatrice Dalle, gekommen sind und der sich vor allem auf eines stützt: die jeweils Ausersehene spielt mehr mit ihrem Körper und dessen erotischen Vorzügen als mit ihrer Mimik. Wesentliches äußeres Attribut ist dabei der Schmollmund, der Wollust suggeriert, wo keine ist.

Valerie Kaprisky ist keine klassische Schönheit. Sie wirkt vielmehr wie ein junges Mädchen vom Lande, dessen aufgerissene Augen nicht Verführung sondern Staunen über die weite Welt ausdrücken. Ihre Unscheinbarkeit täuscht, denn dahinter verbirgt sich die Attraktivität des Normalen. Leicht wird sie zum Opfer, zum Objekt der männlichen Sehnsüchte und Begierden, denen sie nur wenig entgegenzusetzen hat, denen sie ausgeliefert scheint. In ihrem Skandalon *La femme publique* ist sie schutzlos den Blicken der Männer ausgeliefert. Die Geschichte des Films könnte dabei auch die seiner Hauptdarstellerin sein. Die zwanzigjährige Ethel kommt nach Paris, um Schauspielerin zu werden. Nicht durch ihre darstellerischen Fähigkeiten überzeugt sie einen Regisseur, sondern allein durch ihren Körper, den sie ihm präsentiert. Zunächst scheitert sie mangels schauspielerischen Talentes, wird gefeuert, doch dann wieder vom Regisseur vor die Kamera geholt, der aus ihr einen Star, eine »öffentliche Frau« macht. Dazwischen hat Ethel eine Affäre mit einem tschechischen Dissidenten und eine Begegnung mit einem Voyeur, der sie nackt vor seiner surrenden Kamera tanzen läßt. Die Story, im Film bei weitem nicht so linear wie in der Nacherzählung, entwickelt sich als eine krude Mischung aus Sex, Gewalt, Hektik und Konfusion, die nichtsdestotrotz den

Hüllenlos in den Armen des American Gigolos. Publicity-Foto für *Breathless*.

Werdegang der Hauptdarstellerin reflektierte. Der Regisseur Andrzej Zulawski vermengt zudem Kunst, Kitsch und Kommerz zu einer Reflexion über die eigene Funktion. Er mag dabei an Erich von Stroheim oder Josef von Sternberg gedacht haben, die in ihren Darstellerinnen ihre eigenen Geschöpfe sahen, sie zur Projektionsfläche ihrer Intentionen machten und sie – wie im Falle von Marlene Dietrich – sogar als Stars etablierten.

Valerie Kaprisky stellt in *La femme publique* für ihren Regisseur eine derartige Projektionsfläche dar. Tatsächlich wurde sie in Frankreich zu einem neuen, allerdings kontroversen Star, der schockierte durch die Freizügigkeit seines Auftrittes. Das Image von Valerie Kaprisky als eine Schauspielerin, deren wohlgeformter Körper ihr stärkstes darstellerisches Mittel ist, bestätigte sich durch diesen Film. Schon zuvor war sie vor allem als Nacktdarstellerin aufgefallen. Eine Fotoserie im Männermagazin »Lui« gehörte ebenso dazu wie ihr Mitwirken in einem Sexfilm *(Aphrodite)* und ihre Rolle in *Breathless.*

Als damals völlig Unbekannte wurde sie von dem amerikanischen Regisseur Jim McBride *(The Big Easy)* in dessen Neuverfilmung des Godard-Klassikers *A bout de souffle* (Außer Atem, 1959) neben dem Star Richard Gere besetzt. Der Film erzählt die Geschichte eines jungen Outlaws, der nach einem Polizisten-

Den Voyeur ereilt beim Anblick der nackten Valerie der Herzinfarkt. *La femme publique.*

mord auf der Flucht ist und bei einer entfernten Bekannten, einer französischen Architekturstudentin, unterkriecht. Die beiden hatten eine kurze Affäre miteinander, die nun wieder auflebt. Für einen Hollywood-Film äußerst weitgehend waren dabei die Liebesszenen. Valerie Kaprisky durfte auch hier ihren mädchenhaften Körper in seiner ganzen Natürlichkeit präsentieren. Ihr jugendlicher Charme kontrastiert dabei mit ihrer weiblichen Sexualität. Die jedoch bleibt ohne Erotik und bewegt sich an der Grenze zur Schamlosigkeit, was nicht als moralischer Begriff gewertet werden soll, sondern als Zerstörung einer Illusion. *Breathless* brachte Valerie Kaprisky zwar eine kurzfristige, internationale Berühmtheit ein, zeigte aber auch die Fragwürdigkeit ihrer schonungslosen Offenheit. Schon vor Zulawskis Film war sie, die als Siebzehnjährige aus Cannes nach Paris gezogen war, um dort Schauspielerin zu werden, eine »öffentliche Frau«. Frankreich hatte in ihr ein neues Sexsymbol, das sich bis in den letzten Haaransatz auf den Leinwänden betrachten ließ. Valerie Kaprisky war die kongeniale Verkörperung einer Zeit, in der die Geheimnisse verschwinden, die Mysterien offengelegt werden, die von einer Brigitte Bardot noch gewahrt wurden. Im Kino der achtziger Jahre fiel der Vorhang weg, der die Erotik davor schützte, nur die Darstellung direkter Sexualität zu sein.

Für Valerie Kaprisky hatte dies zur Folge, mit eindeutigen Angeboten überhäuft und festgelegt zu werden. Sie selbst litt am meisten darunter, zumal die wenigen Filme, die sie noch drehte, erfolglos blieben. So legte sie eine dreijährige Pause vom Filmemachen ein, machte Schlagzeilen allein durch eine stürmische Affäre mit dem Delon-Sohn Anthony. Schon fast vergessen – der Ruhm, der sich auf einen schönen Körper stützt, ist der am schnellsten vergängliche –, wurde sie von ihrer mütterlichen Freundin Vera Belmont in deren anspruchsvollem Werk *L'amante* besetzt.

Der Film bot ihr eine Rolle, von der andere Schauspielerinnen nur träumen können. Sie spielt Milena Jesenka, eine tschechische Journalistin, die 1944 starb und die bekannt wurde als die große Liebe Franz Kafkas. Ein Schicksal, das von heftigen Höhepunkten und Niederlagen gekennzeichnet war: große

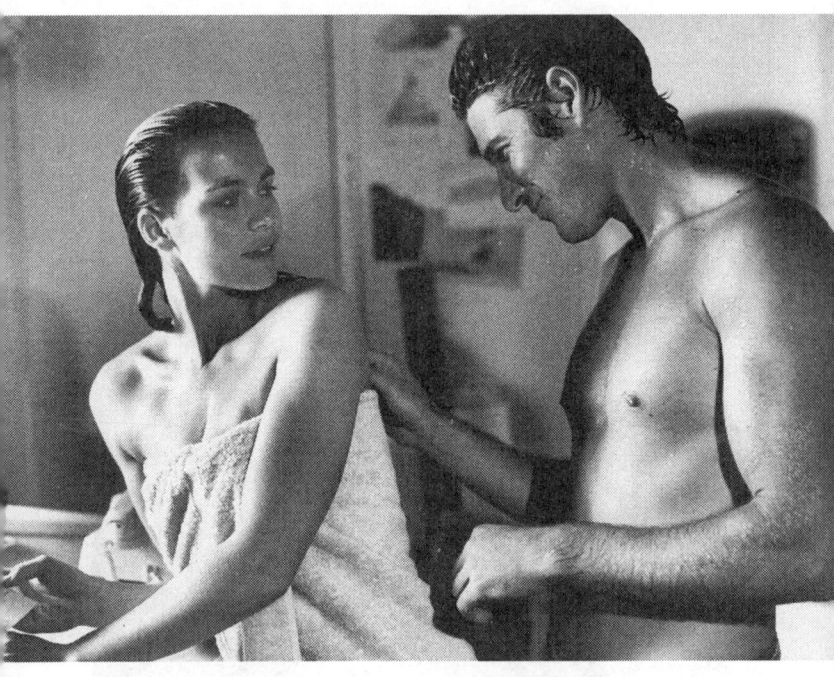

Für kurze Zeit ein neues Sexsymbol. *Breathless.*

Leidenschaften, Irrenhaus, Exil, Auseinandersetzungen, Dramen. Für Valerie Kaprisky, die so zwangsläufig und – wie Ethel in Zulawskis Film – so einseitig zum öffentlichen Besitzstand wurde, bedeutet *L'amante* einen Neuanfang – als Schauspielerin und nicht als Sexsymbol.

Filme

1982
Aphrodite
Regie: Robert Fuest, mit Horst Buchholz
Breathless (Atemlos)
Regie: Jim McBride, mit Richard Gere

Tiefen Einblick gewährt die Zigeunerin in *La Gitane.*

1983
La femme publique (Die öffentliche Frau)
Regie: Andrzej Zulawski, mit Francis Huster

1985
La gitane (La Gitane – Nichts als Ärger mit den Frauen)
Regie: Philippe de Broca, mit Claude Brasseur

1989
L'amante
Regie: Vera Belmont, mit Gudrun Landgrebe, Stacy Keach

Nastassja Kinski
Mädchenhafte Unschuld

Als Sechzehnjährige machte sie 1977 erstmals Furore. Nastassja, die am 24. Januar 1961 geborene Tochter des Schauspieler-Exzentrikers Klaus Kinski, hatte in Wolfgang Petersens Tatort-Krimi *Reifezeugnis* ein Verhältnis mit ihrem Lehrer und war kurze Zeit nackt unter einer Dusche zu sehen. Ihr Auftritt machte den Teenager über Nacht in Deutschland zu einer Sensation. Eine Nymphe, und damit ein bestimmtes Image, war geboren. Doch schon zuvor hatte man sie in Wim Wenders' *Falsche Bewegung* als veritable Jungschauspielerin entdecken können. Sehr schnell schlug Nastassja Kinski nach ihrem sensationellen Fernsehauftritt eine internationale Filmkarriere ein, in der sie vorwiegend ihre jungfräulichen körperlichen Reize einsetzen durfte.

So überlagerte das Image des Sexkätzchens das der ausdrucksstarken Aktrice, die mit den besten Regisseuren und größten Stars zusammenarbeitete.

Seichte Filme wie *Cosi come sei*, in dem sie immerhin an der Seite von Marcello Mastroianni zu sehen war oder *Leidenschaftliche Blümchen* schufen das bis heute existente Bild einer erotischen Kindfrau. »Ich glaube«, äußerte sie in einem Interview mit »Marie Claire« (März 1990), »das hat man immer nur aus mir gemacht. Die Männer wollen mich so sehen. Sie interpretieren ihre eigenen Phantasien, ihre dunklen und unklaren Vorstellungen in mich hinein. Ihre Träume...« Kaum ein Film, so hat es den Anschein, in dem sie nicht die Hüllen fallen ließ. Man kann sich des Eindrucks nicht erwehren, als sei manche Szene nur zu diesem Zweck geschrieben, denn vielfach wurde eine nackte Nastassja Kinski in dramaturgisch überflüssigen Momenten präsentiert. Doch offensichtlich sprach sie die Phantasien der Männer an. Ihr hagerer, junger Körper, perfekt proportioniert, die klaren, braunen Augen, der sinnliche Mund und die langen, braunen Haare – äußere Attribute, die keinerlei erotische Verführung ausstrahlten, sondern eher mädchenhafte

Nackte Nymphe unter der Dusche.

Unschuld, die zu nehmen tatsächlich eine dunkle erotische Wunschvorstellung ist.

Roman Polanski war es, der Nastassja Kinski davor bewahrte, als Sexdarstellerin abgestempelt zu werden. Er finanzierte ihr einen

Projektionsfläche erotischer Wunschträume. Mit Marcello Mastroianni in *Cosi come sei*.

Studienaufenthalt am berühmten Actors' Studio und drehte mit ihr den romantischen Kostümfilm *Tess,* der allerdings ebensowenig der erwartete Erfolg wurde wie die kunstvolle Liebesgeschichte *One From the Heart.* Regisseur war Francis Ford Coppola. Er war der erste, der Nastassjas schauspielerische Fähigkeiten mit ihrer Ausstrahlung verband. Eine innere Kraft und zugleich eine zarte Zerbrechlichkeit wurden fortan ihre herausragenden Leinwandmerkmale. Ihre Rollen besitzen bei all ihrer Unterschiedlichkeit eine Gemeinsamkeit: Nastassja Kinski läßt immer wieder spüren, daß sie getrieben wird von einer ungeheuren Intensität, von dem Zwang, als Schauspielerin den »Augenblick der Wahrheit« zu finden. Das Publikum, zumal in Deutschland, weiß damit wenig anzufangen. Hier gilt sie – im Gegensatz zu Frankreich, wo sie verehrt und häufig mit der jungen Romy Schneider verglichen wird – als Kassengift, denn ihre Filme spielten an den deutschen Kinos nur wenig ein. Nastassja Kinski, die heute in Rom lebt, begriff sich auch nie als deutsche Schauspielerin. Schon als Kind war sie mit ihrer Mutter durch die Welt gezogen; ihr Beruf als Schauspielerin änderte daran wenig.

Geheimnisvolle Kindfrau.

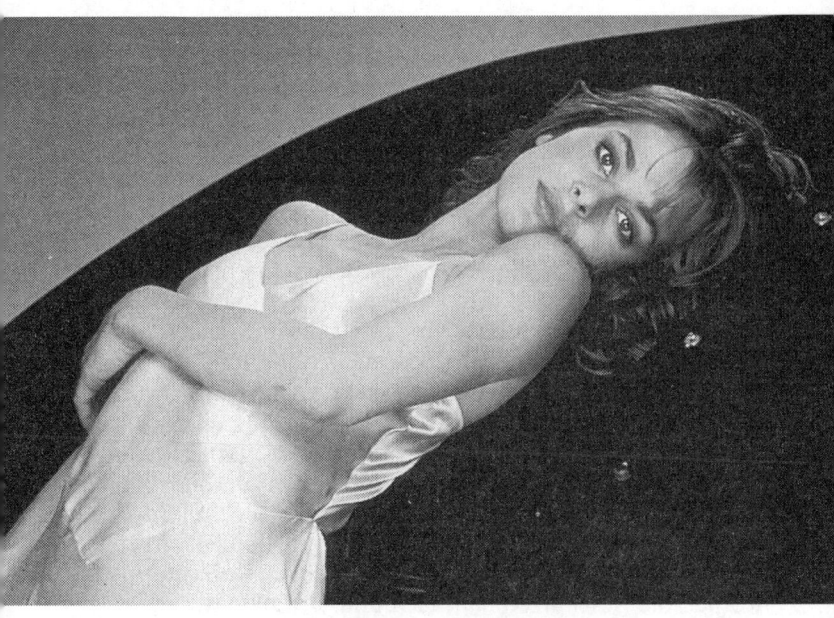

Jungfräuliche Unschuld weckt Beschützerphantasien.

Nastassja Kinski ähnelt in vielem einem Schmetterling. Ihre Fragilität, ihre Wandlungsfähigkeit, ihre schillernden Farben. Jean-Jacques Beineix besetzte sie in *La lune dans le caniveau* als mysteriöse Loretta in einer Rolle voller Licht und Schatten. Rot oder weiß gekleidet in einer verkommenen, düsteren Umgebung. Eine Lichtgestalt, zu der sich der von Gérard Depardieu gespielte Held unweigerlich hingezogen fühlt. Loretta ist herausfordernd, sie nimmt sich diesen Mann, der sie interessiert – und ist doch auch auf Wärme angewiesen. Eine unwirkliche Figur in einem hyperstilisierten Film. Doch Beineix traf mit seiner Besetzung den Kern der Schauspielerin Kinski. Sie scheint über den Dingen zu schweben, eine Traumgestalt, deren Sexappeal Phantasien erzeugt.
In Wim Wenders' *Paris, Texas* werden diese Phantasien zu Markte getragen. Nastassja Kinski spielt – in ihrem wohl größten Erfolg – eine junge Frau, die Mann und Kind verlassen hat und in

129

einer Art Peep-Show arbeitet, in der die Männer mit ihr reden und ihre erotischen Träume auf sie projezieren. Auch in dem mißglückten *Harem* ist sie eine Wunschvorstellung.

Ein reicher Scheich (Ben Kingsley) läßt sie aus New York entführen und in seinen Harem irgendwo in Arabien bringen. Eine Europäerin (oder genauer: Amerikanerin) in einer fremden Welt. Langsam gewöhnt sie sich an ihre Umgebung, da eine Flucht ohnehin unmöglich ist. Mit aller Behutsamkeit wird sie auf die erste Nacht mit ihrem Herren, dem Scheich, vorbereitet. Tatsächlich entwickelt sich zwischen beiden eine Liebesgeschichte. Um seine schwache und unglaubwürdige Geschichte interessant zu machen, fiel Regisseur Arthur Joffé allerdings nichts Besseres ein, als Nastassja Kinski ausgiebig nackt vorzuführen. Erotik entsteht dabei zu keiner Zeit. Joffé setzt schlicht auf den Sexappeal seines Stars. Eine darstellerische Leistung wurde ihr nicht abverlangt. Doch, kondensiert und unverhüllt wie in kaum einem anderen Film, trat in *Harem* noch einmal das Image von Nastassja Kinski zu Tage. Eine jungfräulich wirkende Unschuld, eine zarte Zerbrechlichkeit in einem wohlgeformten Körper, die Beschützerphantasien und -instinkte weckt.

Filme

1974
Falsche Bewegung
Regie: Wim Wenders, mit Rüdiger Vogeler

1976
Reifezeugnis (TV)
Regie: Wolfgang Petersen, mit Klaus Schwarze

1978
Leidenschaftliche Blümchen/Passion Flower Hotel
Regie: André Farwagi, mit Gerry Sundquist
Cosi come sei (Bleib wie du bist)
Regie: Alberto Lattuada, mit Marcello Mastroianni

1978/79
Tess (Tess)
Regie: Roman Polanski, mit Peter Firth

130

1981
One From the Heart (Einer mit Herz)
Regie: Francis Ford Coppola, mit Frederic Forrest

1982
La lune dans le caniveau (Der Mond in der Gosse)
Regie: Jean-Jacques Beineix, mit Gérard Depardieu

1983
Frühlingssynfonie
Regie: Peter Schamoni, mit Herbert Grönemeyer
Paris, Texas
Regie: Wim Wenders, mit Harry Dean Stanton
Maria's Lovers (Marias Lovers)
Regie: Andrej Konchalovsky, mit Robert Mitchum

1984/85
Harem (Harem)
Regie: Arthur Joffé, mit Ben Kingsley

1987
Maladie d'amour
Regie: Jacques Deray, mit Jean-Hughues Anglade

Diane Lane
Kindfrau mit Facetten

Fast ihr ganzes Leben hatte die 1965 in New York geborene Diane Lane mit der Schauspielerei zu tun. Ihr Vater war Schauspiellehrer, ihre Mutter Schauspielerin. Schon als Sechsjährige stand sie auf der Bühne, spielte in der experimentellen Theatergruppe von Andrei Serban mit, der erfolgreich klassische Stücke wie »Medea«, »Elektra« oder auch »Der gute Mensch von Sezuan« neu inszenierte. Sie zog mit dem Ensemble durch die halbe Welt, wo sie an ungewöhnlichen Spielstätten, etwa den Ruinen von Persepolis, auftrat. Diane Lane entpuppte sich als eine Art Wunderkind, denn sie schaffte es, nebenbei noch zur Schule zu gehen und sogar ein Stipendium an einem Eliteinstitut für Hochbegabte zu bekommen. Schon früh kreierte sie in ihren Filmen, die sie noch als Halbwüchsige machte, ein Image als reife Nymphe, als Kind mit fraulicher Note, das psychisch erwachsener schien als physisch. Doch auch da konnte sie bald mithalten.

Diane Lane, die sich noch nicht festgelegt hat, in welche Richtung ihre Karriere sich entwickeln soll, machte sich schon früh einen Ruf als versatile Allroundkönnerin, deren Sexappeal verwirrend vielschichtig und dabei doch so eindimensional schien, ganz im Unterschied zu ihren Rollen.

Gleich in ihrem ersten Film hatte sie es, gerade vierzehn Jahre alt, mit der Liebe zu tun. In George Roy Hills *A Little Romance* spielte sie neben Laurence Olivier ein kleines, überdurchschnittlich intelligentes Mädchen, das sich während eines Parisbesuches in einen französischen Jungen verliebt. Beide möchten, nachdem sie von Julius (Olivier) die Geschichte der Seufzerbrücke gehört haben, nach Venedig fahren und dort mit einem Kuß unter der Brücke ewige Liebe geloben. Der unterhaltsame Film erzählt seine banale Geschichte mit erstaunlicher Sensibilität und verzichtet völlig darauf, die zarte Liebesgeschichte der beiden Jugendlichen voyeuristisch auszubeuten. Diane Lane hinterließ mit ihrem natürlichen, frischen Spiel einen starken

Verwirrend vielschichtiges Sexappeal. *»Chicago Blues«*.

Eindruck, der sich in ihren folgenden Arbeiten bestätigen sollte. In dem humorvollen Western *Cattle Annie and Little Britches* (1980) spielte sie unter der Regie von Lamont Johnson immer-

133

hin an der Seite von Burt Lancaster und Rod Steiger. Es war zwar nur eine kleine Rolle, doch Diane Lane bot eine weitere Probe ihrer Vielseitigkeit.

Recht schnell sollte sie aus der Position eines Kinderstars herauswachsen. Zwar spielte sie – neben Kenny Rogers – noch einmal ein kleines Mädchen in *Six Pack* (1982), doch Francis Ford Coppola war auf das junge Talent aufmerksam geworden und nahm es unter seine Fittiche. Er gab ihr eine kleine Rolle in seinem Film *The Outsiders*, der Geschichte einer Jugendbande, deren Mitglieder von Hollywoods kommender Starriege dargestellt wurden. Zum ersten Male traf Diane dabei auf Matt Dillon, mit dem sie in den folgenden Jahren auf der Leinwand gewissermaßen erwachsen wurde. In *The Outsiders* konnte sie erneut – als frühreifer Teenie – durch ihr unaffektiertes Spiel überzeugen. Gleich anschließend besetzte Coppola sie ein weiteres Mal. In *Rumblefish* spielte sie Matt Dillons kleine Freundin, einen frühreifen Teenager, dessen Sexappeal schon zu erkennen ist: eine Mischung aus Kind und Frau, mit einem Hang zum Vulgären. In ihrer Person wird der amerikanische Durchschnittsteenager zum Sexsymbol des Alltags stilisiert.

Noch einmal wirkte sie in einem Coppola-Film mit, in der aufgeblasenen, dennoch faszinierenden Gangsterrevue *The Cotton Club*. Diane Lane, gerade achtzehn, verkörperte die Freundin eines Ganoven (Richard Gere), die trotz ihrer Aufmachung ihre Herkunft nicht verhehlen kann. Als wasserstoffblonde Vera Cicero hat sie nicht viel zu sagen in der Männergesellschaft der Gangster, die in ihr ein Flittchen sehen und sie dementsprechend behandeln. Ein weiteres Mal strahlte Diane Lane, aus deren Gesicht die babyhaften Pausbacken noch nicht ganz verschwunden waren, eine vulgäre Erotik aus, die zu ihrem Markenzeichen wurde. Sie besaß etwas vom Stil der Jean Harlow, ohne indes deren selbstironische Einstellung zum eigenen Image zu übernehmen.

In Walter Hills mythischem Großstadt-Western *Streets of Fire* festigte Diane Lane dann ihr frisches Image als lebensfrohes, dabei aber unglückliches, leichtes Mädchen. Ellen Aim (Lane) singt in einer Bar und leidet unter dem Tyrannen der Straße (Willem Dafoe). Ihre Auftritte verströmen verruchte Sexualität

134

und verbotene Wollust. Sie provoziert mit ihrem Körper, ihrem Schmollmund und ihren herausfordernden, abschätzenden Blicken. Eine Frau, so suggeriert sie, die leicht zu nehmen ist. Das geschieht dann auch in Form einer Entführung, doch ihr Freund, der in die Straße zurückgekehrte Held, befreit sie. Zum ersten Mal zeigte Diane Lane in *Streets of Fire* ihre provozierende

Auf der Leinwand mit Film-Partner Matt Dillon erwachsen geworden. *The Big Town.*

Erotik, die eher anmachend als verführerisch wirkt. Wenn sie ihr Becken kreisen läßt, kann die Aufforderung nicht direkter sein. Mit ihrem runden Gesicht, dessen Züge mehr verschwommen als konturiert sind, ihrer Stupsnase, den grünen Augen und einem Körper, der ein wenig zur Fülligkeit neigt, besitzt sie etwas von einer Raubkatze, die auch kratzen kann, wenn es sein muß. Ihr Sexappeal wahrte etwas Geheimnisvolles, das vielversprechend schien. Der Charakter der Kindfrau wurde ergänzt durch die offen vorgetragene Sexualität, die in ihrer Direktheit nicht anstößig sondern anregend wirkte.

In dem Psycho-Thriller *Lady Beware*, den sie nach einer Phase des Theaterspielens und der Neubesinnung auf ihre Karriere drehte, zu der ihr der väterliche Freund Coppola geraten hatte, wird sie zum Opfer ihrer aufregend direkten Sexualität. Katya ist eine junge Schaufensterdekorateurin, deren Kreationen die Aufmerksamkeit des psychisch gestörten Jack (Michael Woods) auf sich ziehen. Er beginnt Katya zu verfolgen, zu beobachten und zu belästigen. Er schaut ihr zu, wie sie sich ankleidet, bricht in ihrer Abwesenheit in ihre Wohnung ein und erlebt mit, wie sie sich mit ihrem Freund liebt. Als der Terror immer unmittelbarer wird und die Vergewaltigung nur noch eine Frage der Zeit ist, schlägt Katya mit den Waffen ihres Verfolgers zurück. Der Film war von seiner Regisseurin Karen Arthur spannend gemacht und auch interessant in seinem Ansatz, doch er verlor an Glaubwürdigkeit durch die spekulative Art, mit der die Sexualität Diane Lanes ausgebeutet wurde. Völlig grundlos läuft sie nackt durch ihre Wohnung und offenbart dabei einen Blick auf ihren wohlgeformten, fülligen Körper, der in seiner vollen Blüte ist. Sofort haftete ihr ein neues Image an. Nunmehr war aus der Kindfrau, die immer noch aus ihren Zügen sprach, eine wollüstige Sexgöttin geworden, die ihren Körper allein zur Verführung einsetzte.

Auch in ihrem anschließenden Film *The Big Town*, der sie wieder mit Matt Dillon zusammenführte, fand dieses Image eine Bekräftigung. In der in den fünfziger Jahren angesiedelten Spielergeschichte stellte sie eine Stripteasetänzerin dar, die ein junges Würfelgenie (Dillon) mit ihren Kurven zuerst um den Verstand und dann fast ums Leben bringt. Die erotische

136

Erotische Verruchtheit: Der Vamp als Flittchen.

Ausstrahlung von Diane Lane reduzierte sich hier auf das – zugegebenermaßen immer noch attraktive Niveau des Pin-up. Sie spielte ein Flittchen, das außerdem noch abgrundtief falsch ist. Ihre Rollenfigur benutzt ihren Körper zur Durchsetzung der eigenen Absichten. Dementsprechend unsensibel sind die exzessiven Liebesszenen dieses ansonsten stimmungsvollen Films, in dem Diane Lane die undankbare Aufgabe hatte, eine antipathisch wirkende, dennoch verführerische Sexbombe darzustellen. Wie sehr sie offenbar ihres eigenen Images noch immer unsicher ist, zeigte sich auch in dem konfusen Streifen *Priceless Beauty*. Gemeint als ironisches Spiel mit dem Klischee der Traumfrau, erscheint sie in dem Film einem deprimierten Rockmusiker (gespielt von Christopher Lambert, den sie anschließend ehelichte) als gute, willige Fee wie aus Aladins Wunderlampe. Und wie eine Fee nun mal in der Vorstellung eines Mannes zu sein hat, trägt auch Diane Lane fast die ganze Zeit einen durchsichtigen Schleier, der Erotik stimulieren soll, wo keine ist.

Diane Lanes Erscheinung könnte sie zweifellos zu einem Sexsymbol der neunziger Jahre werden lassen. Sie besitzt die Aura und das schauspielerische Können. Doch noch hat sie nicht den Stoff gefunden, der aus ihr einen wirklichen Star machen kann. Noch regt sie die Regisseure zu keinen anderen Rollen an als denen, die eine irgendwie verbrauchte Erotik verbreiten. Dabei könnte sie zu einer wunderbar verruchten neuen Femme fatale des Kinos werden. Eine Kindfrau mit Facetten, vulgär und verführerisch, männermordend und träumerisch.

Filme

1979
A Little Romance (Ich liebe dich – I love you – Je t'aime)
Regie: George Roy Hill, mit Laurence Olivier

1982
The Outsiders (Die Outsider)
Regie: Francis Ford Coppola, mit Matt Dillon, C. Thomas Howell

1983
Rumble Fish (Rumble Fish)
Regie: Francis Ford Coppola, mit Matt Dillon, Mickey Rourke
Streets of Fire (Straßen in Flammen)
Regie: Walter Hill, mit Michael Paré

1984
The Cotton Club (Cotton Club)
Regie: Francis Ford Coppola, mit Richard Gere

1986
Lady Beware (Hautnah)
Regie: Karen Arthur, mit Michael Woods

1988
Priceless Beauty (Liebestraum)
Regie: Charles Finch, mit Christopher Lambert

Jessica Lange
Charaktervolle Natürlichkeit

Die Frage, ob sie ein Star ist oder nicht, bleibt im Augenblick noch unbeantwortet. Jessica Lange, diese hübsche Blondine mit der erdverbundenen Ausstrahlung, wird in dieser Hinsicht charakterisiert von einer merkwürdigen Ambiguität. Jeder hält sie für einen Star, wenigstens die Regisseure, Kritiker und die europäischen Zuschauer. In ihrer Heimat jedoch wird ihr Starstatus angezweifelt. Zum einen, weil sie zur Charakterdarstellerin wurde, zum anderen, weil sie seit Jahren keinen kommerziell erfolgreichen Film mehr vorweisen kann. Gerade letzteres ist der Grund, weshalb ihre Karriere vor einem ernsthaften Knick steht. Jessica Lange ist selbst nicht ganz unschuldig an ihrer Situation. Sie weiß, daß sie Glamour braucht und ein Teil des Hollywood-Etablishments sein muß, um ein Star zu sein. Beides lehnt sie ab, obwohl ihr bewußt ist, daß ein Starstatus ihr die besten Rollen garantieren würde. Nach den Erfahrungen, die sie beruflich in den achtziger Jahren gemacht hatte, hat sie für sich eine Entscheidung getroffen. Da hatte sie nämlich den Glamour kennengelernt und wurde als ein überaus irdisches Sexsymbol gehandelt. »Manchmal lese ich ein Drehbuch und weiß, daß der Film ein Erfolg werden wird. Für meine Karriere wäre es das Beste ihn anzunehmen. Dann aber sage ich mir, daß ich nicht Wochen meines Lebens verlieren will, eine Person darzustellen, die mir nichts sagt ... Wenn ich populär sein wollte, müßte ich meine Lebensart ändern und mich wie ein Star verhalten.« (In: Première, März 1990)
Doch ihre ganze Biographie ließ vermuten, daß Jessica Langes Ziele woanders lagen. 1949 wurde sie in der Kleinstadt Cloquet, Minnesota geboren. Ihr Vater schlug sich in den verschiedensten Jobs durch, bevor er am Ende bei der Eisenbahn arbeitete. Schon früh folgte Jessica Lange dem Beispiel ihrer Geschwister und zog von zu Hause fort. Noch auf der Schule hatte sie bei Theateraufführungen mitgespielt, was in ihr aber nicht den Wunsch hervorrief, Schauspielerin zu werden, sondern dazu

Statt Star-Glamour bevorzugt Jessica Lange eine erdverbundene Erotik. *Postman.*

führte, daß sie sich für Kunst interessierte. An der Universität von Minneapolis lernte sie den 24jährigen spanischen Maler Paco Grande kennen und lieben und zog mit ihm 1968 nach Paris. Dort erlebte sie die studentischen Maiunruhen hautnah mit, bevor sie mit Grande auf eine zweijährige Odyssee quer

141

durch Europa ging. 1971 kehrte sie nach Paris zurück und sah den Filmklassiker *Les enfants du paradis*. Beeindruckt von Jean-Louis Barrault in der Hauptrolle, schrieb sie sich in der Schauspielklasse von dessen Lehrer Etienne Decroux ein und blieb dort zwei Jahre. Nach einem kurzen Auftritt in Robert Franks Kurzfilm *Home Is Where the Heart Is* kehrte sie 1974 nach New York zurück. Ihre Ehe mit Paco Grande, den sie 1970 geheiratet hatte, wurde später geschieden. Ihren Lebensunterhalt bestritt sie zunächst mit Jobs in Hotels, wurde dann aber Mitglied der Wilhelmina-Modellagentur – als eine der zahlreichen Blondinen, deren Aussehen im Grunde austauschbar ist. Doch Jessica Lange besaß eine spezielle Ausstrahlung, die sich auch auf den Fotos vermittelte, die dem Produzenten Dino de Laurentiis vorlagen, als er auf der Suche nach der weiblichen Hauptdarstellerin seines geplanten *King Kong*-Remakes war. In Jessica Lange hatte er seine Traumbesetzung gefunden. Sie war genau der Typ von Blondine, auf die der Riesenaffe King Kong sein Auge werfen würde. Für Jessica Lange war dies nicht unbedingt eine Auszeichnung.

Tatsächlich wirkt sie sehr sexy in ihrem weißen Wickelkleid, vor allem, wenn es regendurchnäßt ist und ihre Formen hervorhebt. Kein Wunder, daß King Kong sich in sie verlieben mußte. Doch viel mehr als die ewig schreiende Blondine zu mimen, blieb der ambitionierten Jessica Lange in diesem Film nicht. Ihr Auftritt hatte denn auch zunächst fatale Auswirkungen. Denn jeder sah in ihr die sexy aber dümmliche Blondine, die Rollenangebote waren entsprechend. Sie nahm keines an. Dino de Laurentiis hatte ihr einen Siebenjahresvertrag gegeben, der ihr ein gutes Einkommen sicherte. (Der Vertrag wurde später wieder aufgelöst). Jessica Lange machte Schlagzeilen in dieser Zeit nur wegen ihrer Affäre mit dem Ballettänzer Mikhail Baryshnikov. Als Schauspielerin wollte keiner einen Dollar auf diese Blondine setzen, der ein baldiges Ende ihrer Karriere vorausgesagt wurde. Erst 1979 machte sie wieder als Schauspielerin auf sich aufmerksam. Es war nur eine kleine Rolle, aber ein beeindruckender Auftritt. Als weißgekleidete Angelique verkörperte sie – wunderschön und mystisch anzusehen – in Bob Fosses *All That Jazz* (1979) den Engel des Todes.

Gleich anschließend kam dann, im Grunde überraschend, ihr Durchbruch. In der Neuverfilmung des klassischen *Film noir The Postman Always Rings Twice* übernahm sie die Rolle der Cora, durch die schon Lana Turner als mörderischer Vamp zur Berühmtheit wurde. Jessica Langes Partner war Jack Nicholson, bereits damals Superstar und Legende. Der Film von Bob Rafelson machte vor allem wegen einer Szene Schlagzeilen. Cora, die unverhüllt wollüstige, eruptive Frau eines älteren Griechen, beginnt eine heiße Affäre mit dem von Nicholson gespielten Streuner, der in ihrem Restaurant auftaucht und von Coras Mann eine Arbeit angeboten bekommt. Natürlich hat Nicholsons Figur die attraktive Blondine in der Küche bemerkt und treibt mit ihr ein Spiel von lüsternen Blicken und Gesten. Die Spannung zwischen beiden heizt sich auf und entlädt sich in

Lustobjekt eines Riesenaffen.

143

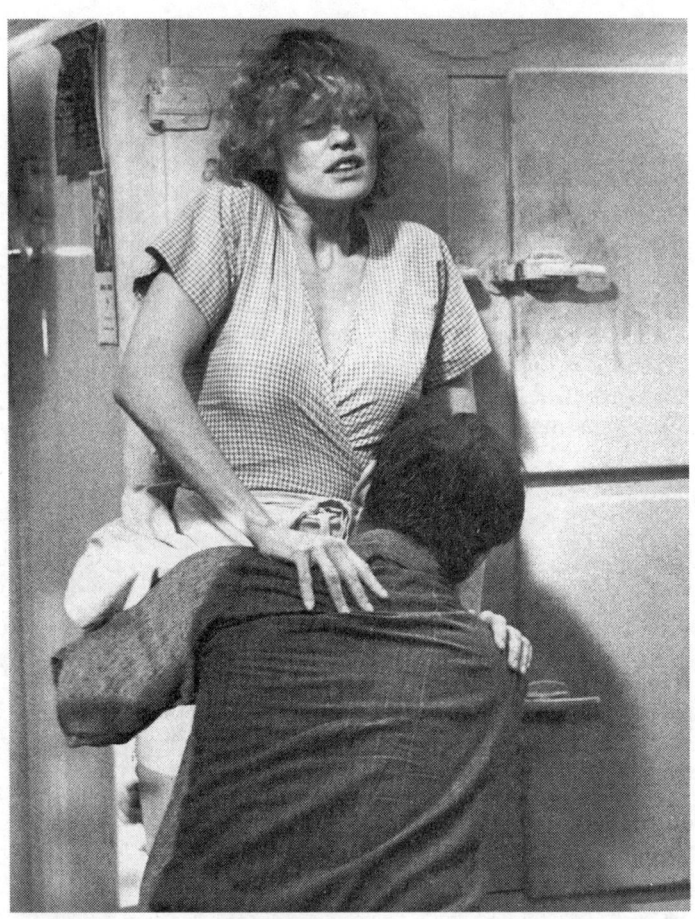

Eruptive Sexualität am Kühlschrank. *The Postman Always Rings Twice.*

einer der heißesten Liebesszenen der Filmgeschichte. Nicholson fällt förmlich über Lange her, packt sie und hebt sie auf den Küchentisch. Ihr Rock schiebt sich hoch, das Höschen wird ausgezogen und vom Tisch fliegen Mehl, Messer, Pfannen. Eine wilde, leidenschaftliche Vereinigung, Ausdruck einer unge-

144

zähmten Lust, eruptiv und von aggressiver Sexualität. Die beiden werden noch einige Male, aber dann weniger enthemmt, miteinander schlafen, wenn der gehörnte Ehemann außer Haus ist. Schließlich hecken sie einen Plan aus, ihn zu ermorden und

Ungezügelte Lust auf dem Küchentisch. *The Postman Always Rings Twice.*

145

den Mord als Unfall zu tarnen. Die Polizei aber deckt ihr Komplott auf und spielt beide gegeneinander aus. Cora ist dabei allerdings so geschickt, daß der Herumtreiber Nicholson auf dem elektrischen Stuhl landet Bis dahin eine *Film-noir*-Geschichte wie viele andere. Schlagzeilen aber machte der Film durch seine Küchentischszene. Begierig kolportierte die Boulevardpresse, sie sei nicht nur gespielt – eine Publicity, die sich auszahlte. Der Film wurde ein Erfolg und mit Jessica Lange war über Nacht ein neues Sexsymbol gefunden.

Ihr kräftiger Körper, ihre erdverbundenen Bewegungen strahlten zwar Grazie aus, doch mit ihr hielt die Arbeiterfrau Einzug ins Reich der Sexsymbole. Eine Göttin aus der Vorstadt. Eine Femme fatale für Arme. Ihre Verführungskünste bestanden darin, den Schweiß der Arbeit und der Lust spürbar zu machen. Förmlich glaubte man sie riechen zu können, ihre sehr irdische Sexualität, die dennoch höchstgradig erotisch und sehr natürlich war. Eine vulgäre Laszivität ohne den Glamour der raffinierten Selbstinszenierung. Im Unterschied zu Darstellerinnen wie Sally Fields oder Sissy Spacek, den bevorzugten Arbeiterinnen-Typen, hatte die Erscheinung von Jessica Lange allerdings nichts Verhärmtes oder Leidendes an sich. Daß ihr sehr fraulicher Typ nicht allein den Charme der überhitzten Natürlichkeit besaß, zeigte Jessica Lange in ihren beiden nächsten Filmen.

In *Frances* spielte sie den Hollywood-Star Frances Farmer, die in den vierziger Jahren zum neuen Glamourgirl aufgebaut werden sollte, dann aber ihre Karriere durch Alkohol und Eigenwilligkeit so ruinierte, daß sie in einer Anstalt endete. Vor allem in den Partien des Films, die Frances Farmers Hollywood-Glanzzeit behandelten, zeigte sich, daß Jessica Lange auch einen natürlichen Glamour besaß, der sie zum Massenidol hätte machen können. Ihr Streben aber war der Erfolg als Charakterschauspielerin. Eine erste »Oscar«-Nominierung schien sie auf diesem Weg zu bestätigen. Glamour und die sexuelle Ausstrahlung einer reifen Schönheit, in Verbindung mit einer darstellerischen Glanzleistung, brachten ihr für *Tootsie* dann den längst verdienten »Oscar« ein (als beste weibliche Nebendarstellerin). Jessica Lange befand sich auf dem Höhepunkt ihrer Laufbahn.

Tootsie wurde auch kommerziell ihr bislang größter Erfolg. Sie

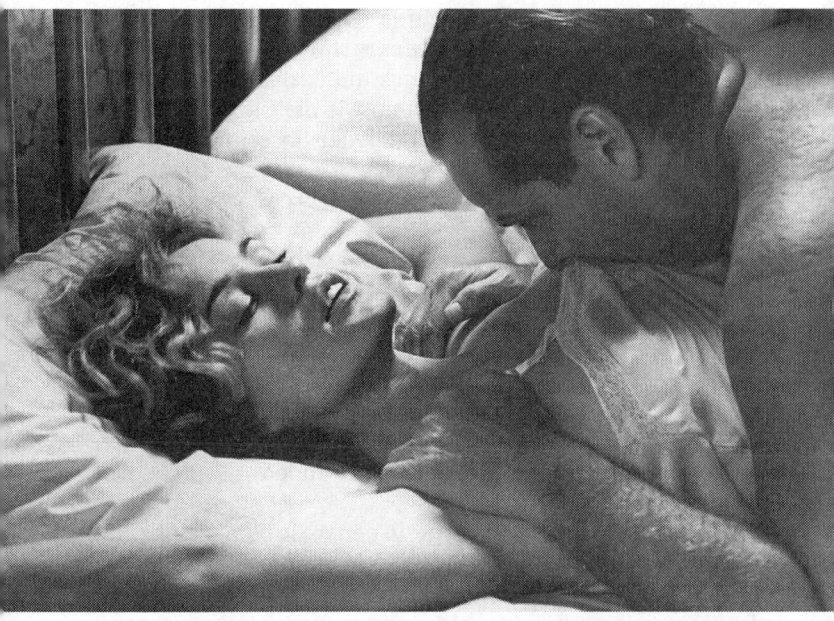

Naturverbundene Sinnlichkeit. *The Postman Always Rings Twice.*

spielte darin eine Schauspielerin einer populären TV-Seifenoper, die in einer älteren Kollegin eine echte Freundin und Vertraute gefunden zu haben glaubt, zu der sie sich aber ungewöhnlich stark hingezogen fühlt. Sie ahnt dabei nicht, daß es sich bei ihrer Freundin in Wahrheit um einen Mann (Dustin Hoffman) handelt, der als Darsteller nur in der Verkleidung einer Frau Erfolg hatte. Das führt zu allerlei komischen, vor allem aber treffsicher plazierten Verwechslungen und Mißverständnissen, die am Ende ins zwangsläufige Happy-End münden. Jessica Lange, strahlend schön, zerbrechlich und sensibel, zeigte sich in *Tootsie* von einer neuen Seite. Ihr Sexappeal war auf den einer amerikanischen Durchschnittsfrau geschrumpft, dafür aber profilierte sie sich in einer komischen Rolle. In ihren folgenden Filmen etablierte sich immer mehr dieses neue Image von Jessica Lange, bis sie schließlich zur Verkörperung der Miss-

147

Middle-America schlechthin wurde. Die eruptive Erotik und aggressive Sexualität aus *The Postman Always Rings Twice* war einer sehr naturverbundenen, ja fast mütterlichen Aura gewichen, die selbst folgende Charaktere wie die Countrysängerin Patsy Kline (in *Sweet Dreams*) oder den in sein Elternhaus zurückkehrenden Star (in *Crimes of the Heart*) prägte. Ein Grund für diese Veränderungen ist sicherlich in Jessica Langes Privatleben zu finden.

Bei den Dreharbeiten zu *Frances* hatte sie sich in den Dramatiker und Schauspieler Sam Shepard verliebt, bekannt für seine mythisierenden Beschreibungen des amerikanischen Westens. Mit ihm und den aus ihrer Verbindung stammenden Kindern lebt sie seit dieser Zeit ein zurückgezogenes Leben auf einer Farm in Virginia. Ihre Familie nimmt einen höheren Stellenwert ein als mögliche Filmrollen. Zumal die selbst produzierten Werke *Country* und *Far North* sich alles andere als erfolgreich erwiesen.

Ebensowenig ihre anderen Filme, in denen sie bemerkenswerte darstellerische Leistungen lieferte, doch ihre Chancen, das breite Publikum wiederzugewinnen, mit ihrem Mut zur Komplexität stark einschränkte. Mit brauner Perücke, abgetragenen Jeans, einem ungeschminkten, müde wirkenden Gesicht spielte sie zuletzt in dem preisgekrönten *Music Box* eine Anwältin, die ihren Vater gegen den Vorwurf, ein berüchtigter Nazi-Verbrecher zu sein, vor Gericht verteidigt. Doch der Glaube an ihren Vater, den sie nur in liebevoller Erinnerung hat, wird durch die Wahrheit auf eine harte Probe gestellt. Ihre Rolle in dem Costa-Gavras-Film zählte sicherlich zu ihren beeindruckendsten Charakterdarstellungen, doch der Erfolg oder Mißerfolg des Films wird mit über ihre weitere Karriere entscheiden. Das erdverbundene Sexsymbol der frühen achtziger Jahre ist endgültig passé. Die große Charakterschauspielerin dagegen dominiert und stellt eine wirkliche Bereicherung des Kinos dar. Solange es die Zuschauer so wollen.

Filme

1976
King Kong (King Kong)
Regie: John Guillermin, mit Jeff Bridges

1980
The Postman Always Rings Twice (Wenn der Postmann zweimal klingelt)
Regie: Bob Rafelson, mit Jack Nicholson

1982
Frances (Frances)
Regie: Graeme Clifford, mit Sam Shepard
Tootsie (Tootsie)
Regie: Sydney Pollack, mit Dustin Hoffman

1985
Sweet Dreams
Regie: Karel Reisz, mit Ed Harris

1986
Crimes of the Heart (Verbrecherische Herzen)
Regie: Bruce Beresford, mit Diane Keaton

1988
Everybody's All-American (Ein Leben voller Leidenschaften)
Regie: Taylor Hackford, mit Dennis Quaid

1989
Music Box (Music Box)
Regie: Costa Gavras, mit Armin Müller-Stahl

Jennifer Jason Leigh
Scheue Unbekannte

Schon als junges Mädchen hatte Jennifer Jason Leigh nur einen Wunsch: Schauspielerin zu werden. Als Tochter der Drehbuchautorin Barbara Turner und des Schauspielers Vic Morrow – der Regisseur Reza Badiyi wurde später ihr Stiefvater – fühlte sie sich

Kindliche Verführerin in aufreizender Pose.

Spielball männlicher Gelüste. *East Exit Brooklyn.*

geradezu dafür prädestiniert, ebenfalls in der Showbranche tätig zu werden. Von zierlicher Statur spielte sie von Beginn an Rollen, die ihr eine ungewöhnliche Körperlichkeit abverlangten. Nutten und Außenseiter bilden ihr hauptsächliches Repertoire und als kleine Prostituierte feierte sie in *Last Exit Brooklyn* auch ihren bislang größten Erfolg. Zuvor war sie nur einem kleinen Kreis Fachkundiger bekannt, hatte sie doch in Filmen mitgewirkt, deren künstlerischer und filmhistorischer Stellenwert recht gering eingeschätzt werden muß
Kaum ein Film, in dem sie nicht als kindliche Verführerin oder mädchenhafte Prostituierte ihre Kleider ablegen mußte und mit sexueller Gewalt konfrontiert wurde. Bereits in ihrem ersten Film, *Eyes of a Stranger*, spielte sie – als Vierzehnjährige – ein junges Mädchen, das durch einen Triebverbrecher so mißhan-

delt wurde, daß sie blind und taubstumm bleibt. Nicht viel anders erging es ihr auch in *Last Exit Brooklyn*, gedreht nach dem gleichnamigen Kultroman von Hubert Selby.

Angesiedelt im Brooklyn der fünfziger Jahre, erzählt dieser deutsche Film von Uli Edel und Produzent Bernd Eichinger vom Schicksal verschiedener Personen. Etwa vom frustrierten Ehemann und untreuen Gewerkschafter, der seine Homosexualität entdeckt, vom Sterben eines armen Transvestiten, von der Liebe und der Hochzeit in einer italienischen Familie – und von Tralala, der platinblonden Hure, die die Soldaten einer nahe gelegenen Kaserne in einer Kneipe aufreißt, in einen Hinterhof führt, wo dann ihre Freunde warten, um sie auszurauben. Tralalas Existenz ist ärmlich, die entwürdigende Misere ihres Lebens spiegelt sich in ihrem Gesicht. Sie ist Spielball männlicher Gelüste, die nur auf schnelle Befriedigung abzielen. Tralala ist ihrer Existenz so sehr verhaftet, daß auch die Liebe eines Soldaten sie daraus nicht befreien kann. Beinahe gegen ihren Willen, zwanghaft, beraubt sie auch ihn. Ihr einziges Kapital ist ihr schmächtiger Körper, eingezwängt in einen kurzen, knappen Rock und ein rotes, tiefdekolletiertes Oberteil. Als eine Marilyn der Hinterhöfe streift sie durch die Straßen und Bars, genießt förmlich die geilen Blicke der Männer, provoziert sie zu anzüglichen Gesten. Nur in einem Jungen hat sie einen Freund, wenngleich auch der davon träumt, ihr Liebhaber zu werden. Fast zwangsläufig kommt es dann zum Höhepunkt des Films, der erschreckend brutalen Massenvergewaltigung von Tralala.

Ihres Lebens als Lustobjekt und Hinterhof-Nutte überdrüssig, betrinkt sich Tralala in einer Bar, kämpft mit einer anderen Prostituierten und wirft sich anschließend in die Arme der aufgegeilten Männer. Die reißen ihr das Oberteil vom Körper, grapschen nach ihrem Busen und treiben sie raus auf ein verlassenes Dock, wo sie sich der Reihe nach über sie hermachen. Tralala nimmt ihre Vergewaltigung bald nur noch ohnmächtig wahr, realisiert nicht mehr, wie auch der letzte Penner sie noch besteigt und geschändet zurückläßt. Nur ihr Freund, der Junge, ist noch da, entsetzt von dem widerwärtigen Spektakel, das er ohnmächtig mitansehen mußte. Doch Tralala

152

hat überlebt, die schreckliche Vergewaltigung bedeutet für sie die Katharsis ihres Lebens. Sie nimmt den Jungen in ihre Arme. Aus der Marilyn der Hinterhöfe ist eine Madonna geworden. Jennifer Jason Leigh hatte sich intensiv auf diese Rolle vorbereitet. Schon immer war es ihr Wunsch gewesen, die Tralala zu spielen. Um deren Charakter richtig zu erfassen, betrieb sie ausgiebige Recherchen. Sie sammelte Fotos aus der Zeit, mit denen sie ihr Zimmer tapezierte. Sie befragte Prostituierte und erstellte sogar ein intimes Tagebuch der Tralala. »Diese Rolle hat Dinge freigelegt, die in mir waren und die ich verdrängt hatte. Außerdem habe ich dadurch Mitgefühl gelernt.« (In: Première, November 1989). Dennoch verlangte ihr diese Rolle Außergewöhnliches ab, was sie indes mit Bravour schaffte. Nur wenige Darstellerinnen sind wohl in der Lage, eine derart gewalttätige

Marilyn der Hinterhöfe. *East Exit Brooklyn.*

und explizite Szene zu spielen und dabei noch Würde zu wahren. Nicht zuletzt durch *Last Exit Brooklyn* bewies Jennifer Jason Leigh, daß sie als einzige Schauspielerin der achtziger Jahre Prostituierte in all ihrer Anstößigkeit und Misere darzustellen in der Lage ist, ohne dabei abzurutschen in Klischees oder Würdelosigkeit. Obwohl sie viel nackte Haut zeigt, strahlt sie keine Erotik aus, hat sie keinen Sexappeal, der ihre Darstellungen diskreditieren würde.

Das gilt auch für ihre Rollen in dem unsäglichen *The Men's Club*, in dem sie ebenfalls eine Prostituierte spielt, für den erotischen Thriller *Heart of Midnight*, in dem sie eine Nachtclubbesitzerin verkörpert, deren psychische Störungen aus einem traumatischen Erlebnis in ihrer Vergangenheit herrühren oder für *Miami Blues*, in dem sie sich vom Callgirl zur naiven Hausfrau wandelt.

Aus der Prostituierten wird die Hausfrau. *Miami Blues.*

154

Ihr Image als freizügiges Sex-Kätzchen, das sich etwa nach ihren hüllenlosen Auftritten in dem Streifen *Flesh & Blood* eingestellt hatte, erweist sich bei näherem Hinsehen als ungerechtfertigt. Dennoch wird es die zierliche platinblonde Jennifer Jason Leigh schwer haben, von ihrer Rollenfestlegung fortzukommen, was nicht zuletzt darin begründet liegt, daß sie gerade diese Rollen so überzeugend verkörpert.

Filme

1980
Eyes of a Stranger (Die Augen eines Fremden)
Regie: Ken Wiederhorn, mit Lauren Tewes

1981
Fast Times at Ridgemont High (Ich glaub' ich steh im Wald)
Regie: Amy Heckerling, mit Sean Penn

1984
Flesh & Blood (Flesh and Blood)
Regie: Paul Verhoeven, mit Rutger Hauer

1986
The Men's Club (The Men's Club)
Regie: Peter Medak, mit Roy Scheider
The Hitcher (Hitcher – Der Highwaykiller)
Regie: Robert Harmon, mit Rutger Hauer, C. Thomas Howell

1988
Heart of Midnight (Heart of Midnight – Im Herzen der Nacht)
Regie: Matthew Chapman, mit Peter Coyote

1989
Last Exit Brooklyn (Letzte Ausfahrt Brooklyn)
Regie: Uli Edel, mit Stephen Lang

1990
Miami Blues (Miami Blues)
Regie: George Armitage, mit Fred Ward, Alec Baldwin

Madonna

Sündige Ikone

Zweifellos: Madonna ist ein Mega-Star. Madonna Louise Veronica Ciccione, so ihr bürgerlicher Name, verkörpert den typischen Sex der Popkultur. Jeder neue Trend sieht sie in einem anderen Gewand. Steril, vulgär, obszön, wohlkalkuliert, wandlungsfähig. Sie ist ein Pin up-Girl, das perfekt auf dem Instrumentarium der Massenmedien spielt. Zuerst war nur die Musik und der Erfolg. Auf mehr als hundert Millionen Dollar Vermögen wird das kaum einen Meter sechzig große Energiebündel geschätzt. Erst das Kino aber, so träumte sie, würde sie zu einer Göttin machen. Doch während ihr Showtalent und ihr sicheres Gespür für modische Tendenzen, nachzuvollziehen am besten in ihren Musik-Videos, sie zur sündigen, animierenden Ikone der Popmusik machten, erreichte sie bislang noch nicht die Überlebensgröße eines Leinwandstars. Noch ist sie nicht die Diva, zu der sie sich mit Vorliebe selbst stilisiert. Und es darf bezweifelt werden, ob sie es jemals wird.

Jahrelang war Madonna Bestandteil des New Yorker Undergrounds. Ihren Lebensunterhalt verdiente die aus einer streng katholischen Familie Stammende als Fotomodell, Verkäuferin und – so geht ein Gerücht – als Darstellerin in Sexfilmen. Tatsächlich existieren aus einer Zeit, als Madonna unbekannt war, Aktaufnahmen, die erst mit ihrem steigenden Ruhm das Licht der Öffentlichkeit erblickten. Gleich in ihrer ersten ernstzunehmenden Filmrolle aber erwies sie sich als eine veritable Schauspielerin, ein Versprechen, das sie im weiteren Verlauf ihrer Karriere nicht mehr einlösen konnte. In *Desperately Seeking Susan* stellte sie wahrscheinlich ein Stück ihrer eigenen Persönlichkeit dar. Denn die von Madonna gespielte Titelheldin ist ein unkonventionelles Mädchen, eine Art Punk-Lolita aus dem Underground von Lower Manhattan. Auf sie aufmerksam wird die frustrierte Mittelstands-Ehefrau Roberta (Rosanna Arquette) durch eine Suchanzeige in der Zeitung. Roberta versucht, mit der unbekannten Susan in Kontakt zu

Wasserstoffblonde Punk-Lolita. Neben Griffin Dunne in *Who's That Girl.*

treten, trifft sie auch, verliert bei einem Zusammenstoß ihr Gedächtnis und wird für Susan gehalten. Währenddessen schlüpft die echte Susan in die Haut Robertas und bringt deren langweiligen Ehemann aus den gewohnten Bahnen. Madonna/ Susan – das ist die sündige Versuchung für den normalen Bürger. In ihren Songtexten treibt sie dies durch verbale Obszönitäten derart auf die Spitze, daß sich Amerikas Moralapostel aufgerufen fühlen, ihre Musik zu boykottieren. Ihr Privatleben, vor allem ihre kurze Ehe mit Hollywoods Jungrebell Sean Penn, wird als Sexskandal und Gewalt- und Leidenschaftsdrama in aller Öffentlichkeit ausgebreitet. Ihre Auftritte in immer wieder wechselnden Verkleidungen, die nur eines betonen, ihren puren

157

Pinup-Girl der Popkultur. *Who's That Girl.*

Sex, geben Anlaß für die wildesten Spekulationen. In Wahrheit aber steckt hinter dieser Fassade einer öffentlichen Frau eine eiskalt kalkulierende Geschäftemacherin. Immer mehr wird zum eigentlichen Reiz von Madonna die absolute Künstlichkeit als Stilmittel. Obgleich sie die Popkultur ihren eigenen Zwecken gemäß zitiert und adaptiert, ist sie doch ständig auf der Suche nach einem Vorbild. Und wie bei so vielen anderen muß auch bei Madonna Marilyn Monroe dafür herhalten. Sie färbt sich die Haare platinblond und trägt figurbetonende Kleider.

158

Ihren zweiten Film, *Shanghai Surprise*, drehte sie an der Seite ihres damaligen Mannes Sean Penn. Trotzdem wurde der Film ein Flop. Vielleicht auch deshalb, weil das Publikum die raschen,

Wie auf den Leib geschneidert: Die Rolle der verruchten Barsängerin in *Dick Tracy*.

konturlosen Persönlichkeitswechsel Madonnas nicht mehr nachvollziehen konnte oder wollte. In dieser Geschichte um eine riesige Opiumladung, eine Nonne und einen Krawattenhändler (Penn), wurde das klassische Abenteuerkino Hollywoods bemüht. Madonna in der Rolle der Nonne zeigte sich eindeutig überfordert, glaubhaft die Wandlung von Frömmigkeit zur Anmache darzustellen. Zu keiner Zeit reichten sie und Penn in ihrer Ausstrahlung an berühmte Hollywood-Paare wie Bacall/Bogart oder Hepburn/Tracy heran. Es zeigte sich, daß Madonnas Wirkung nicht auf Erotik sondern auf einem Sexappeal beruht, der so anziehend wirkt wie eine Peep-Show.

Noch eindeutiger wurde dies in Madonnas drittem Versuch, auf der Leinwand zu einer überzeugenden Figur zu werden. *Who's That Girl* erinnert in der Story an Howard Hawks' Screwball-Klassiker *Bringing up Baby* mit dem Gespann Katherine Hepburn und Cary Grant. Madonna spielt eine wilde Punk-Göre, die sich in einen Marilyn-Monroe-Verschnitt wandelt, um sich einen reichen Rechtsanwalt zu angeln, in den sie sich verliebt hat. Doch dem Film, der vom Regisseur ihres *Papa, Don't Preach*-Videos inszeniert wurde, fehlte sowohl eine überzeugende komödiantische Dramaturgie wie auch, und das wiegt schwerer, eine glaubhafte Heldin. Auch dieser Film wurde ein Reinfall. Nicht so ihre Platte zum Film, die eine ebenso stilsichere wie prickelnde Sängerin Madonna hören ließ und die clevere Geschäftsfrau unterstrich.

Madonna, das verdeutlichen ihre mißlungenen Filme, wirkt als Sexsymbol der achtziger und neunziger Jahre allein durch ihr Leben, das wie eine einzige riesige Show inszeniert ist. Die Bühne ihrer Tourneeauftritte bietet ihr dabei die geeigneteste Plattform. »Madonna hat keine Botschaft, dafür einen reichen Vorrat an Bildern. Diese Bilder sind aller Bedeutung entleert, losgelöst von der Realität. Madonnas Ikonen sind ›bigger than life‹, und sie sind schön anzusehen, universell, kalt. Madonna ist eine Sexgöttin im Schneewittchensarg, eine Eisheilige im Kunstschnee. Anders gesagt: Madonna ist der erste Comic-Star der Popgeschichte.« (Wolfgang Höbel in: Der Spiegel 26/1990). Nur folgerichtig, daß sie die weibliche Hauptrolle in der Comic-Verfilmung *Dick Tracy* übernahm. Als Breathless Mahoney

160

Erinnerungen an berühmte Leinwandgöttinnen – ein ungünstiger Vergleich für die Sexikone der Popkultur.

wirkte sie in der Rolle einer verruchten Barsängerin und Gangsterliebchens, das sich in den aufrechten Detektiv Dick Tracy (Warren Beatty) verliebt. Stilisiert zum Vamp der dreißiger

Jahre, anrüchig sexy in ihren enganliegenden Roben, evoziert sie den zu ihren Ungunsten ausfallenden Vergleich mit einer wahren Diva wie Marlene Dietrich, die sie neben anderen Leinwandgöttinnen in ihrem Video-Hit *Vogue* in Aufmachung und Erscheinung kopiert. Einmal mehr zeigt sich darin, daß der aggressive Sexappeal von Madonna ein künstlicher ist. Doch in der Selbststilisierung zur sündigen Ikone der Popkultur ist Madonna eine wahre Meisterin.

Filme

1985
Desperately Seeking Susan (Susan – verzweifelt gesucht)
Regie: Susan Seidelman, mit Rosanna Arquette

1986
Shanghai Surprise (Shanghai Surprise)
Regie: Jim Goddard, mit Sean Penn

1987
Who's That Girl (Who's That Girl)
Regie: James Foley, mit Griffin Dunne

1990
Dick Tracy (Dick Tracy)
Regie: Warren Beatty, mit Warren Beatty, Al Pacino, Dustin Hoffman

Sophie Marceau
Hemmungslose Kindfrau

Nichts deutete darauf hin, daß aus der Tochter eines Lastwagenfahrers einmal einer der beliebtesten Stars Frankreichs werden würde. Sophie Marceau, geboren 1966, deren lasziver Jungmädchenkörper die Gazetten füllt, ist eine Laune des Zufalls. Ihre Entdeckung war nicht notwendig und doch unausweichlich. In der Hoffnung, vielleicht für Werbeaufnahmen engagiert zu werden, hatte Sophie als dreizehnjährige Schülerin den Agenturen ihr Foto zugeschickt. Eines geriet offenbar in die richtigen Hände. Sie wurde zu einem Casting-Wettbewerb eingeladen. Zu besetzen war die Hauptrolle in einer Teenagerkomödie, die der Regisseur Claude Pinoteau, der auch schon Isabelle Adjani durch einen vergleichbaren Film geschickt hatte, inszenieren sollte. Stars des geplanten Streifens mit dem Titel *La Boum* waren Claude Brasseur und Brigitte Fossey, die die Eltern des aufmüpfigen Filmteenies spielen sollten.

Unter Hunderten von Bewerbern traf der Zufall, oder vielleicht doch der Blick der Profis, die richtige Auswahl. Sophie Marceau begeisterte durch ihre Natürlichkeit, ihr offenes Wesen und ihre Unbekümmertheit – Eigenschaften, die sie bis heute zumindest auf der Leinwand noch nicht verloren hat. *La Boum* erzählte von einer kleinen, sympathischen Schülerin und deren ganz normalen Problemen mit Eltern und Freunden. Einzig in der Großmutter findet die niedliche Dreizehnjährige eine Verbündete, die Freud und Leid mit ihr teilt. Während sich Vic (Marceau) zum ersten Male, zwischen Schule, Disco und Parties wechselnd, verliebt, denken ihre Eltern über Trennung nach. So laufen verschiedene Ebenen nebeneinander her, von Claude Pinoteau meist uninspiriert inszeniert. Diese leichte Komödie wäre wohl nicht der große internationale Erfolg geworden, wenn nicht die Schauspieler, und hier vor allem die süße Sophie, ihre Spielfreude und Natürlichkeit bewahrt hätten. Mit einem Schlag war die unbekannte Göre in aller Munde. Frankreich hatte einen neuen Liebling für die ganze Familie. Doch während das

Ein offener Blick, der die Französischen Herzen höher schlagen läßt: Sophie, der Liebling der Grande Nation.

Publikum die kleine Sophie in sein Herz geschlossen hatte, hielten die skeptischen Profis sie für ein Strohfeuer. Zu oft schon hatte ein Laie in einer bestimmten Rolle, zu einer bestimmten Zeit und in einem bestimmten Film gefallen können. Alles deutete darauf hin, daß dies auch auf Sophie Marceau zutreffen würde. Zwei Jahre lang kam kein Angebot, nur Fanpost. Mehr

164

als 180.000 Briefe, die meisten von Mädchen im gleichen Alter, brachen über sie herein. Sophie Marceau und ihre Art, mit den Filmeltern umzugehen, war zum Vorbild für die Teenager geworden. Sie mußte schließlich sogar in Jugendzeitschriften

Der sexy Teenager entwickelt sich zur leidenschaftlichen, sinnlichen Frau.

Anzeigen aufgeben, in denen sie ihre Anhänger darum bat, nicht weiter zu schreiben. Der riesige Erfolg von *La Boum* ließ die Produzenten an eine Fortsetzung denken. So kam denn Sophie Marceau, die inzwischen weiter zur Schule gegangen war, zu ihrer zweiten Rolle. *La Boum 2* schreibt die Geschichte der Eltern und ihrer Tochter Vic fort. Die Liebe, und »das erste Mal« rücken stärker in den Vordergrund, prägen die Rolle von Sophie Marceau. Der nunmehr Fünfzehnjährigen war ein noch größerer Erfolg beschieden, vielleicht, weil man in dem hübschen Teenager mit dem runden Gesicht, dem Schmollmund und den wachen Augen schon die junge Frau ahnen konnte. Ihre Popularität kannte nun keine Grenzen mehr. Ganz Frankreich hatte sich in die jugendliche frische Sophie verliebt, der 1983 ein »César« als größte »Hoffnung« des französischen Films verliehen wurde. Doch noch immer bewahrten Regisseure und Produzenten ihre Skepsis. Niemand traute der netten, hübschen, aber doch irgendwie konturlosen Sophie wirklich schauspielerische Fähigkeiten zu. Wieder dauerte es mehr als ein Jahr, bevor sie einen weiteren Film drehte. Zwar kamen Angebote, doch sie zog es vor, weiter die Schule zu besuchen und eine Schauspielausbildung zu beginnen. Schon früh aber machte sie sich Gedanken über ihre Karriere. »Ich muß von ganzem Herzen bei einem Drehbuch, bei einer Rolle, bei einem Regisseur sein. Es ist großartig, Risiken einzugehen und sich in die Leere fallen zu lassen.« (In: Isabelle Danel, Des étoiles sont nées).

So ein Risiko stellte der Kostümfilm *Fort Saganne* dar, in dem sie unter der Regie von Alain Corneau an der Seite von Cathérine Deneuve und Gérard Depardieu spielte. Tatsächlich zeigte sich in diesem in Cannes preisgekrönten, in Deutschland niemals verliehenen Werk, daß der Zufall 1980 die richtige Wahl getroffen hatte. Sophie Marceau erwies sich als eine geborene Schauspielerin, deren natürliche Begabung sich mit ihrer frischen Ausstrahlung zu einer attraktiven Leinwanderscheinung verband. Auch der Alt-Charmeur Jean-Paul Belmondo hatte inzwischen ein Auge auf die appetitliche Sophie geworfen, die inzwischen ihre Schule abgebrochen und – volljährig geworden – eine eigene Wohnung bezogen hatte.

166

Nymphe für die Alt-Stars. Als Geliebte von Jean-Paul Belmondo in *Joyeuses Paques.*

In der unsäglichen, angeblich erotischen Verwechslungskomödie *Joyeuses Paques* erweckt das frische Nymphchen Sophie das sexuelle Interesse des Mittfünfzigers Belmondo, der mit ihr im Bett von seiner Frau überrascht wird. Flugs gibt er sie als seine uneheliche Tochter aus, was den Reigen an Mißverständnissen und Verwechslungen rotieren läßt. Erwähnenswert bleibt an diesem Boulevard-Stück einzig die jugendliche Sophie Marceau, die das erste Mal aufblitzen ließ, wie sexy sie sein kann. Das hatte auch der Skandalfilmer Andrzej Zulawski erkannt, der schon zuvor Valerie Kaprisky in *La femme publique* zu einem neuen Erotikstar aufgebaut hatte.

1985 ließ er den netten Teenager von nebenan, der bislang

keimfrei die ganze Familie unterhalten hatte, in seiner sehr freien Adaption von Dostojewskis »Idiot« alle Hüllen ablegen. Die nackte Sophie Marceau schockte mit ihrem nicht mehr keim-, dafür aber textilfreien Auftritt in *La femme publique* das erste Mal ihr treues Publikum. Der Erotikstreifen machte Schlagzeilen und etablierte die vormals kleine Sophie als neues Sexsymbol für Väter und Söhne. Doch mit einem weiteren Erotik-Thriller stieß Sophie Marceau, nun mit aller Gewalt bemüht, ihr Kleinmädchen-Image abzulegen, ihr Publikum noch mehr vor den Kopf. Schon zuvor war sie in *Police,* in dem sie erneut neben Gérard Depardieu zu sehen war, nicht mehr die liebe Pennälerin von nebenan, sondern eine dubiose junge Frau aus dem maghrebinischen Verbrechermilieu – ein Gegensatz, der härter nicht sein konnte. Unter der Regie von Maurice Pialat zeigte sie, daß die schauspielerischen Ansätze aus *Fort Saganne* inzwischen an Kontur gewonnen hatten. Sophie Marceau war zu einer wirklichen Darstellerin gereift. Doch einen herben Schock fürs Publikum stellte 1986 *Descente aux enfers* dar. Nicht allein der Umstand schockierte, daß sie in diesem *Film noir* um eine junge, lebenslustige, aber unter einer Vergewaltigung in ihrer Vergangenheit leidende Frau und ihren doppelt so alten Schriftsteller-Ehemann mit Alkoholproblemen, der tropischen Hitze des Schauplatzes entsprechend, meist unbekleidet umherlief. Viel schlimmer war, daß der ältere Filmehemann von Claude Brasseur gespielt wurde, ihrem Filmvater aus *La Boum.* Sophie Marceau, inzwischen zu einer körperlich attraktiven Frau herangewachsen, die nichts mehr von ihrer frischen Ausstrahlung als Teenager wissen wollte, mußte sich sogar den Vorwurf des Inzests anhören.
Descente aux enfers erwies sich als ein Film, der den vollen Körper der Sophie Marceau als Sexsymbol schlechthin benutzte. Darstellerisch wurde wenig von ihr gefordert, dafür aber umso mehr Freizügigkeit. Regisseur Francis Girod inszenierte seinen Star bevorzugt in Situationen, die die klassischen Bilder populärer Erotik aufgriffen. Sophie liegt in der Badewanne, streift im schwülen Klima die Bettdecke ab, steigt aus dem türkisfarbenen Meer und wälzt sich mit ihrem Mann im Sand. Wasser, Sonne, Hitze und immer wieder Wasser. Sexy Sophie,

wie sie fortan vornehmlich von der deutschen Filmpresse tituliert wurde, erlebte die Stilisierung zum modernen Pin up. Die damals gerade Zwanzigjährige war mit einem Mal der wohltemperierte Schock für ihre Generation und deren Eltern, die mit ihr seit *La Boum* herangewachsen war. Denn von nun an war aus dem lieben Teenie der Sexstar geworden. Sophie Marceau, die keine Angst vor dem Risiko und keine Hemmungen in ihren Rollen kennt, sah sich plötzlich, trotz anderer Filme, zum erotischen Wunschtraum gestempelt. Die Frage war nicht mehr, *wie* läßt sie die Hüllen fallen, sondern wie *oft*. Aus der seriösen Schauspielerin wurde das bevorzugte Objekt bestimmter Gazetten, die sich darum rissen, irgendwelche Aktfotos von Sophie abdrucken zu können. Inzwischen dem mehr als doppelt so alten Skandalregisseur Zulawski auch privat verbunden, wurde Sophie zum Synonym für sexuelle Schocks und Träume

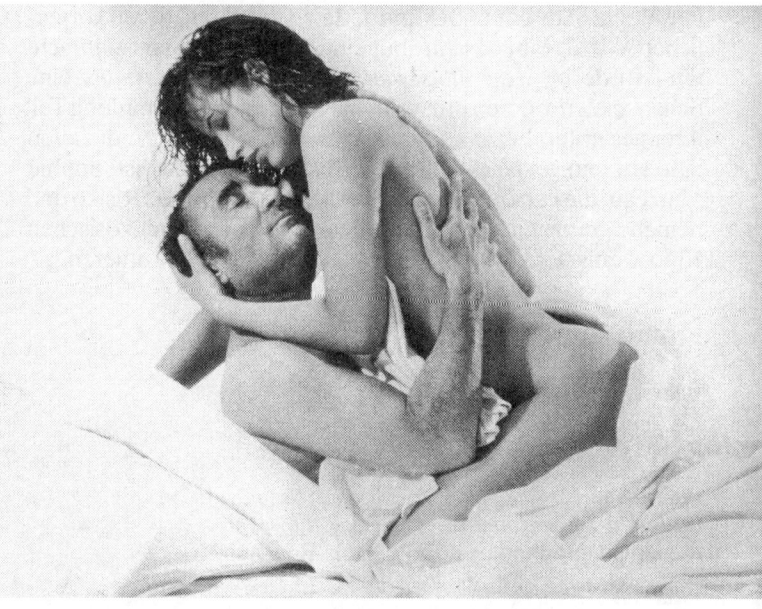

Ein Skandal: Der kleine Liebling der Grande Nation im Bett mit ihrem Film-Vater. *Descente aux enfers.*

169

schlechthin. Übersehen wurde dabei, daß sie inzwischen tatsächlich als eine erotische Gottheit zu faszinieren wußte. In einer eigentümlichen Mischung aus jugendlicher Frische und sexueller Ungezwungenheit wurde sie zur idealen Besetzung einer »amour fou«, wieder inszeniert von Zulawski.

Mes nuits sont plus belles que vos jours machte nur in deutschen Filmzeitschriften vorab reißerische Schlagzeilen. In Frankreich wurde diese Geschichte einer leidenschaftlichen, bedingungslosen Liebe zwischen einem todkranken, genialen Informatiker und einer jungen Frau mit dem »zweiten Gesicht« als eine der poetischsten »amour fou« des französischen Kinos gefeiert. Der Film wirkt klaustrophobisch, obwohl er am Atlantik spielt. Doch die Farben sind grau und kontrastieren mit der Hitze der Emotionen und Obsessionen. Sophie Marceau wurde gefeiert, konnte sie doch als eine Darstellerin überzeugen, die mit all der ihr zur Verfügung stehenden Kraft sehr offenherzige Szenen bewältigte. Aus der unbekümmerten Kinderfrau, deren körperlichen Vorzüge ihr das Attribut eines erotischen Stars einbrachten, wurde in *Mees nuits sont plus belles que vos jours* eine Schauspielerin, deren unzweifelhaft erotische Ausstrahlung Teil ihrer gesamten Leinwandpräsenz ist und sich nicht reduzieren läßt auf einige Nacktauftritte. Aus Sexy Sophie ist Sophie Marceau, die Persönlichkeit geworden – offen für das Risiko und beinahe grenzenlos in ihrer Entdeckungslust. Im französischen Kino wenigstens wird sie die neunziger Jahre dominieren.

Filme

1980
La Boum (La Boum – Die Fete)
Regie: Claude Pinoteau, mit Claude Brasseur

1982
La Boum 2 (La Boum II – Die Fete geht weiter)
Regie: Claude Pinoteau, mit Claude Brasseur

1983
Fort Saganne
Regie: Alain Corneau, mit Gérard Depardieu

1984
Joyeuses Paques (Fröhliche Ostern)
Regie: Georges Lautner, mit Jean-Paul Belmondo

1985
L'amour braque
Regie: Andrzej Zulawski, mit Christiane Jean
Police (Der Bulle von Paris)
Regie: Maurice Pialat, mit Gérard Depardieu

1986
Descente aux enfers (Abstieg zur Hölle)
Regie: Francis Girod, mit Claude Brasseur

Mathilda May
Schüchterner Vamp

In ihrem Heimatland Frankreich wurde sie vor allem durch die Fotos bekannt, die von ihr existieren. Auf denen ist eine knapp bekleidete Schönheit zu entdecken, mit braunem Haar und braunen Augen, die klug schauen und Leidenschaftlichkeit verraten. Sie räkelt sich in schwarzen Dessous in verführerischen Posen, mimt den Vamp mit roten Lippen und einem Busen, den sie in Frankreich nur noch den »Wunderbusen« nennen, seit sie mit ihrer perfekten Figur für eine Wäschefirma Werbung macht. Mathilda May, mit bürgerlichem Namen Haim, 1966 als Tochter eines jüdischen Theaterkritikers türkisch-griechischer Abstammung und einer schwedischen Tänzerin geboren, gilt als *der* erotische Star der neunziger Jahre. Eine Einschätzung, die vor allem auf den von ihr kursierenden Fotos beruht, weniger auf den Filmen, von denen sie noch nicht viele bemerkenswerte gemacht hat.

Zunächst trat Mathilda May in die Fußstapfen ihrer Mutter, die ihre Tochter bereits mit fünf Jahren in eine Tanzschule schickte. Doch noch während ihrer Ausbildung zur Ballerina wurde sie von Hollywood entdeckt. Für den Science-Fiction-Thriller *Lifeforce* engagierte man sie als gefährliche, todbringende außerirdische Sirene. Sie spielt die Verführung schlechthin, obgleich sie alles andere als verführerisch wirkte. Denn für ihren Auftritt mußte sie alle Hüllen fallen lassen. Das brachte zwar einen ansehnlichen Jungmädchenkörper zum Vorschein, der die Insassen eines Forschungslabors so um den Verstand bringt, daß sie wider besseres Wissen ihre todbringenden Lippen küssen möchten, doch hatte das mit Erotik nichts zu tun. Ihre vollständige Nacktheit erlaubte kein Spiel mit verborgenen Reizen und verbotenen Lüsten. Dennoch gelang es Mathilda May, aus ihrer eindimensionalen, körperbestimmten Rolle einen richtigen Part zu machen, der unvermutete darstellerische Fähigkeiten erahnen ließ. Ein Regisseur, der erkannte, daß eine bekleidete Mathilda May ungleich erotischer ist als eine ent-

Die erotische Offenbarung der 90er Jahre – Frankreichs »Wunderbusen« gewährt Einblicke.

blößte, war Claude Chabrol. Er besetzte die junge Nachwuchsdarstellerin in seinem Psycho-Thriller *Le cri du hibou.*
Darin spielt sie eine junge Frau, die mit ihrem Verlobten in einem einsam gelegenen Landhaus wohnt. Ein junger technischer Zeichner, der nach der Trennung von seiner Frau in die Nähe gezogen ist, beobachtet sie heimlich. Er ist fasziniert von ihrer dunklen Ausstrahlung, von ihrer geheimnisvollen Würde, die mit seinen eigenen Gefühlen übereinzustimmen scheint. Die junge Frau spürt, daß sie beobachtet wird und überrascht den unbekannten Voyeur. Zwischen beiden entwickelt sich eine Beziehung, eine enge Freundschaft, die mit Keksen beim Tee

Untergründig dämonischer Vamp mit dem unschuldigen Ausdruck eines jungen Mädchens. *Le cri du hibou.*

beginnt und mit immer größerer Vertrautheit endet. Der Verlobte reagiert mit Eifersucht, stellt Nachforschungen an über die Vergangenheit des vermeintlichen Konkurrenten und setzt sich mit dessen früherer Frau in Verbindung. Gemeinsam planen sie ein Komplott, daß ihn unter Mordverdacht bringt.

174

Auf geheimnisvolle Weise findet die junge Frau durch den neuen Freund, der sie sexuell nicht begehrt, ihre latenten Todessehnsüchte verstärkt. So ist es denn nur zwangsläufig, daß sie eines Tages den Freitod wählt. Der Film zählt wahrlich nicht

Erinnerungen an die 20er Jahre – Erotik der Unterwerfung. *Naked Tango.*

zu den Meisterwerken Chabrols, doch er war die Geburt der Schauspielerin Mathilda May. Ihre intensive Darstellung brachte ihr 1988 den »César« als beste Nachwuchsschauspielerin ein. Die Kritiker schwärmten mit einem Mal für diese faszinierende Brünette, vergessen war ihr Auftritt in *Lifeforce*.

Mit ihrer Darstellung in *Le cri du hibou* zeigte Mathilda May, die ihren Namen auf Vorschlag eines Produzenten geändert hatte, wie Erotik aussehen kann. Sie muß keine Kleider ablegen, um Wunschvorstellungen zu erzeugen. Allein ihre Ausstrahlung, die nicht auf vordergründige Sinnlichkeit spekuliert, sondern Charakter mit den nicht offenbarten körperlichen Reizen verbindet, wirkt elektrisierend. Sie weckt Beschützergefühle ebenso wie Vertrautheit. Sie verspricht hinter ihrer Fassade der kühlen Schönheit leidenschaftliche Empfindungen. Ihre Wirkung auf die Männer (im Film) ist von dämonischer Natur, sie ist ein Vamp, wie es ihn nur im Kino der zwanziger Jahre gegeben hat. Sie kann ihren Bewunderern Verderben bringen – aber auch Erfüllung. Sie ist sexy ohne aufreizend zu sein. Sie kann sich verwandeln in ein Pin up-Girl aus den fünfziger Jahren, ohne in die Gefahr zu geraten, vulgär zu wirken. Ihre Schönheit ist dabei von eigentümlicher Zeitlosigkeit.

Nach ihrem Erfolg in Chabrols Film wurde Mathilda May mit Angeboten für Filme überhäuft, in denen sie nur schön aussehen mußte. Ihre schauspielerischen Fähigkeiten waren weniger gefragt. Die zeigte sie dann wieder in dem Musical *Trois places pour le 26.* Der große Yves Montand war ihr Partner. »Mathilda erinnert mich an Marilyn Monroe. Sie ist ebenso schüchtern, ebenso freundlich und ebenso professionell«, äußerte er sich über den neuen Star an seiner Seite. In dem Film, der tränenselig und sentimental die Karriere Montands zur Legende wob, war Mathilda May der einzige Lichtblick. Sie spielt eine Tänzerin, die ein Verhältnis mit dem von Montand gespielten Berufs-Charmeur hat, in Wahrheit aber dessen uneheliche Tochter ist. Ihre Vielseitigkeit stellte sie anschließend mit den Aufnahmen einer eigenen Platte unter Beweis. Das alles mag den amerikanischen Drehbuchautor Leonard Schrader dazu bewogen haben, Mathilda May in der Hauptrolle seines Regiedebüts *Naked Tango* zu besetzen. Schon bald eilte

176

Erotische Erfüllung ohne geheimnislose Offenheit – eine moderne Lulu im historischen Gewand. *Naked Tango*.

dem Film der Ruf voraus, ein erotischer Klassiker vom Format des *Dernier Tango à Paris* zu sein.

Die Geschichte rankt sich um eine dunkle Schönheit, die auf der Schiffspassage nach Buenos Aires die Identität einer anderen Frau annimmt und dadurch in die Fänge eines Bordellbesitzers gerät. Der will sogar seine Hochzeitsnacht mit ihr versteigern, doch im Tango findet die mißbrauchte Alba einen Katalysator für ihre Gefühle. Er gibt ihr die verlorene Würde und die Liebe zurück. Mit Pagenschnitt und grellrot geschminkten Lippen verkörpert Mathilda May jene »Lulu«, Kindfrau und erotische Erfüllung, die Leonard Schrader vorgeschwebt hatte. Der Film ist in den zwanziger Jahren angesiedelt und er zeigt, daß die Erotik der Mathilda May aus einer vergangenen Zeit stammt. Vielleicht wird sie deshalb in ihrer Heimat so verehrt, und ist sie deshalb so wichtig für das Kino der neunziger Jahre – weil sie in einer Zeit der schonungslosen Offenheit beweist, wie sehr der Film von den Geheimnissen lebt.

Filme

1985
Lifeforce (Lifeforce)
Regie: Tobe Hooper, mit Steve Railsbeck, Peter Firth

1987
Le cri du hibou (Der Schrei der Eule)
Regie: Claude Chabrol, mit Christophe Malavoy
La passerelle (Der nackte Schatten)
Regie: Jean-Claude Sussfeld, mit Pierre Arditi

1988
Trois places pour le 26
Regie: Jacques Demy, mit Yves Montand

1989/90
Naked Tango
Regie: Leonard Schrader, mit Esai Morales

1990
Isabelle Eberhardt
Regie: Ian Pringle, mit Peter O'Toole

Michelle Pfeiffer
Transzendente Schönheit

Das Kino tendiert dazu, seinen Figuren Überlebensgröße zu verleihen. Michelle Pfeiffer, eine seiner schönsten Erscheinungen, indes bleibt auch auf der Leinwand zart und zerbrechlich. Ihre Schönheit verbindet sich nicht sofort mit erotischer Ausstrahlung, so unscheinbar wirkt sie. Eher weckt sie Beschützergefühle als daß sie Sinnlichkeit verspricht. Doch der erste Anschein trügt. Michelle Pfeiffer ist eins der erotischsten Geschöpfe des Hollywood-Kinos der neunziger Jahre. Ihre Schönheit ist klassisch und natürlich. Sie braucht kein Make-up, um ihre Feinheit zu betonen.

Eine gerade Nase, blaue Augen, dünnes, blondes, halblanges Haar, das ihr ovales Gesicht einrahmt wie ein schön geschnitzter Barockrahmen ein gemaltes Meisterwerk. Blaßblaue Augen, wie von innen erleuchtet, deren Blicke durchdringend sind. Ein Gesicht, das leer scheint und doch nur darauf wartet, sich in aller Vielfalt auszudrücken. Die Rollen der Michelle Pfeiffer zeichnen sich in ihrem Gesicht ab wie die Striche einer Grafik auf einem weißen Blatt Papier.

Als Nachtclubsängerin Susie Diamond kreierte sie in *The Fabulous Baker Boys* das sinnlichste Bild einer Verführerin im Kino der beginnenden neunziger Jahre. Allein ihr erster Auftritt in dem Debütfilm des jungen Steve Kloves deutet ihre unnachahmliche Ausstrahlung an. Die beiden Baker-Brüder, gespielt von den wirklichen Brüdern Jeff und Beau Bridges, sind zwei Pianisten, deren seichte Barmusik in Hotels und mittelmäßigen Bars aus der Mode gekommen ist. Eine Sängerin soll Abhilfe schaffen. Doch alle Aspirantinnen versprechen einen noch rascheren Abstieg. Dann, als der Termin des Vorsingens schon beendet ist, taucht sie auf. Ein wenig schlampig aussehend, kaugummikauend, mit Zigarette. Die Erwartungen der Brüder sind gering, sie glauben nicht mehr an ein Wunder, lassen sie aber dennoch singen. Das Wunder tritt ein. Susie singt und wird dabei ein anderer Mensch. Ihre rauhe Stimme verspricht eine

179

Sensualität, die ihrer Erscheinung zu widersprechen scheint. Das neu geformte Trio hat Erfolge. Susie verzaubert die Manager und die Zuhörer. Sie weckt im meist schlappen Auditorium der Hotelbars sexuelle Instinkte. Ihr knapper Rock läßt den Blick frei auf wohlgeformte, lange Beine, deren Bewegungen die Musik fühlen lassen. Schon bald geht es mit den Baker Boys wieder aufwärts, wenn auch um den Preis, daß Susie stärker in den Mittelpunkt rückt. Denn sie ist der Star der müden Show; nur mühsam kann sie ihre Vorstellungen davon, wie das meist männliche Publikum auf ihre Seite zu ziehen ist, umsetzen. Ihrer sexuellen Ausstrahlung erliegt auch Jack Baker, der lieber in einem Keller Jazz spielt, als sein Geld mit der Barunterhaltung zu verdienen.

Schon jetzt ein erotischer Klassiker ist dann Susies Auftritt in der Silvesternacht. Frank Baker mußte nach Hause, und so bleiben Jack und Susie und ein Piano allein zurück. »Makin' Whoopee« singt Susie in einem anzüglichen Vibrato und räkelt sich auf dem Flügel. Bekleidet mit einem tief dekolletierten, raffiniert ge- schnittenen roten Kleid, wiegt sie ihre Hüften, ihren ganzen Körper im Rhythmus der Musik. Der Auftritt ist sexuell herausfordernd, anmachend. Eine völlig andere Michelle Pfeif- fer ist da zu sehen. Eine laszive Blondine, die sich nach Liebe verzehrt und dies mit ihren Bewegungen und ihrer Stimme ausdrückt, ohne es direkt auszusprechen. Zunächst aber ist es eine Liebesbeziehung zwischen Star und Kamera (Michael Ballhaus), die von den Füßen den Körper hochfährt, sich dann zurückzieht und Michelle Pfeiffer umkreist. Sie fordert mit ihren Bewegungen die Kamera heraus, die zärtlich jeder ihrer Gesten folgt. Sie kniet sich auf das Piano, schaut dem Spieler und dem Zuschauer tief in die Augen, räkelt sich wollüstig, hebt ein Bein in die Luft und haucht sinnlich ins Mikrophon. Das hat zu keiner Zeit etwas Anstößiges, hat nichts zu tun mit billiger Baratmo- sphäre, sondern ist schlicht eine ungeheuer erotische Choreo- graphie der Verführung. Die zerbrechliche Schönheit und die zarte Blässe von Michelle Pfeiffer verwandeln sich in eine sexuelle Herausforderung, in den hochprozentigen Wunsch- traum von einer Märchenfrau. Wenn sie dann, nach diesem heftigen Flirt, heruntersteigt und sich zu Jack Baker auf den

Leeres Gesicht, das sich mit jeder Rolle zu einem Meisterwerk verändert.

Hocker setzt, weiß der Zuschauer schon um die Auflösung der Szene. Nachdem die Hotelgäste den Saal verlassen haben, kommt es endlich zur Liebesszene zwischen Susie und ihrem Pianisten. »Sie haben noch nicht miteinander geschlafen«, führte Regisseur und Drehbuchautor Steve Kloves dazu aus, »aber sie werden es nach dieser Szene tun.«

Michelle Pfeiffer spielte diese Szene mit all der ihr zur Verfügung stehenden erotischen Anziehungskraft – und die ist nicht gering. Sie beflügelt die Phantasien der Männer, doch macht sie sich nicht zu ihrem Objekt. Susie bleibt eine Frau, die nur ihren eigenen Gefühlen folgt und ihren eigenen Maßstäben entsprechend handelt. Michelle Pfeiffer schuf mit ihrer Darstellung der Susie Diamond die neue Variante der klassischen Verführung. So, wie einst Rita Hayworth in *Gilda* den Mann, den sie liebt, dadurch verführte, daß sie sich mit sexuell aufreizenden Körperbewegungen entblätterte ohne sich auszuziehen, so zieht Michelle Pfeiffer mit ihrer Stimme und einer der Musik entsprechenden sensuellen Choreographie den Mann, den sie haben will, in ihren Bann. Eine Mischung aus Femme fatale und liebender Verführerin. Der Wunsch, sie zu beschützen, wird zum Traum, sie zu besitzen.

Schon in ihren vorigen Filmen deutete Michelle Pfeiffer ihre erotische Präsenz an, die durch ihre offensichtliche Unscheinbarkeit erst geweckt werden wollte.

Der am 29. April 1958 im kalifornischen Orange County geborenen Tochter eines Klimatechnikers schien zunächst die unvermeidliche Laufbahn einer typisch amerikanischen Mittelstandstochter bevorzustehen. Schule, High-School, Job, Heirat. Auf der Schule entwickelte Michelle, die sich in ihrer Blondheit nicht von Millionen anderer kalifornischer Strandmädchen unterschied, erstes Interesse für die Schauspielerei, obgleich ihr Mitwirken bei den Schulaufführungen ihre damalige Lehrerin nicht dazu veranlaßte, ihr eine Schauspieler-Karriere zu prophezeien. Doch nachdem Michelle Pfeiffer ihr Talent entdeckt hatte und davon überzeugt war, entwickelte sie eine ungeheure Energie. Nach einigen Auftritten in TV-Serien und einer Hauptrolle in dem vergessenen *Grease 2* bekam sie die weibliche Hauptrolle an der Seite Al Pacinos in *Scarface*. Hier schon spielte sie eine Femme fatale, schön aber kalt. In der Komödie *Into the Night* war sie dann das Opfer, das Beschützergefühle weckte. Sie bringt einen völlig fremden Mann dazu, ihr bei der Flucht vor Gangstern zu helfen. Fasziniert von ihrer Zerbrechlichkeit läßt

Ein erotischer Klassiker: Michelle Pfeiffers laszive Barsängerin im Flirt mit dem Pianisten und dem Zuschauer. *The Fabulous Baker Boys.*

sich dieser Durchschnittsbürger (Jeff Goldblum) auf eine Reihe von gefährlichen Abenteuern ein, die er zu keiner Zeit richtig versteht. Es sind jene blaßblauen Augen, die ihn alle Bedenken vergessen lassen.

In der teuflischen Komödie *The Witches of Eastwick* wird aus einer unscheinbaren Hausfrau eine mondäne Verführerin, deren Schicksal es ist, nicht selbst zu verführen, sondern vom Teufel höchst persönlich verführt zu werden. Wofür sie sich dann gemeinsam mit ihren beiden Freundinnen und Mit-Opfern rächt. Der riesige Erfolg des Films machte auch Michelle Pfeiffer endgültig zu einem Star der ersten Güte. Gleich in ihrem nächsten Film ließ sie ihre darstellerische Ausdrucksbreite erkennen.

Unter der Regie von Jonathan Demme spielt sie in *Married to the Mob* die Witwe eines Mafioso, die sich von der »Familie« lösen will. Ein FBI-Beamter (Matthew Mondine), zu ihrer Bewachung eingesetzt, verliebt sich in die Schwarzhaarige, meist grell gekleidete Angela. Michelle Pfeiffer studierte ihre Rolle an echten Mafioso-Frauen, besuchte sie und unterhielt sich mit ihnen über Frisuren, Nägel und andere alltägliche Dinge. Sie ist nun nicht mehr der sexuell attraktive Star, sie ist vielmehr eine Frau wie viele andere, doch nicht ganz, denn sie besitzt Witz und Schlagfertigkeit und vermittelt ihrem Charakter eine ganz andere Anziehungskraft, die nicht mehr auf erotischer Ausstrahlung beruht. »Ich glaube«, sagte Jonathan Demme über seinen Star, »daß Michelle mehr als andere schöne Schauspielerinnen durch ihr Äußeres behindert ist. Sie besitzt ein so überwältigendes Gesicht, daß die Leute dazu tendieren, sie nur wegen ihres Aussehens zu besetzen.« (In: Premiere, Sept. 1988). So geschehen etwa in dem Thriller *Tequila Sunrise,* in dem sie wieder nur Objekt der männlichen Begierde ist. Zwei Freunde, Polizist der eine (Kurt Russell), Drogenhändler der andere (Mel Gibson), verlieben sich beide in die äußerst attraktive Restaurantbesitzerin. Beide benutzen sie für ihre eigenen Zwecke, der Frau bleibt keine andere Möglichkeit als nur Objekt zu sein im Machtkampf zwischen den beiden Männern. Robert Towne, der Regisseur, ließ Michelle Pfeiffer nicht viel mehr übrig, als nur schön auszusehen. Tatsächlich strahlt sie eine saubere Erotik aus, die sich in der Eleganz ihrer feinen Erscheinung äußert. Doch dabei bleibt sie so unnahbar und kühl wie Grace Kelly. Wie diese ist sie mehr Traumvorstellung denn echte Persönlichkeit.
Einen Traum stellte Michelle Pfeiffer auch in ihrem folgenden Film dar. In Stephen Frears *Dangerous Liaisons* wird ihre Verführung der sehnlichste Wunsch eines jungen Marquis (John Malkovich), der im vorrevolutionären Frankreich ein aufregendes Leben als Don Juan führt. Ihre außergewöhnliche Zartheit und Zerbrechlichkeit korrespondieren dabei kongenial mit der Keuschheit ihrer Filmfigur und machen aus ihr das ideale Opfer eines Schürzenjägers. Bis es zu ihrem Nachgeben kommt, ist sie dem intrigenreichen Ränkespiel des jungen

184

Adligen und seiner von Glenn Close gespielten Freundin hilflos ausgeliefert. Einmal mehr weckt Michelle Pfeiffer in ihrer Darstellung Beschützerinstinkte, die weniger auf erotischer Anziehungskraft beruhen als vielmehr auf ihrer Fragilität. In *The*

Darstellerische Ausdrucksbreite und Vorstadt-Glamour. *Married to the Mob.*

Überwältigend schönes Gesicht behindert den schauspielerischen Ausdruck. *Married to the Mob.*

Fabulous Baker Boys schließlich kehrt sich diese vermeintliche Schwäche um in die Wirklichkeit der Michelle Pfeiffer – eine überaus attraktive Schönheit, die zu keiner Zeit mehr dem Image des kalifornischen Strandmädchens entspricht, das ihr Äußeres nahelegt. Vielmehr besitzt sie die Makellosigkeit einer weißen Leinwand, die mit den Rollen wechselnde Farben annimmt, dabei aber immer harmonisch wirkt.

Filme

1982
Grease 2 (Grease 2)
Regie: Patricia Birch, mit Maxwell Caulfield

1982/83
Scarface (Scarface)
Regie: Brian De Palma, mit Al Pacino

1984
Into the Night (Kopfüber in die Nacht)
Regie: John Landis, mit Jeff Goldblum

1986
The Witches of Eastwick (Die Hexen von Eastwick)
Regie: George Miller, mit Jack Nicholson, Cher, Susan Sarandon

1987
Married to the Mob (Die Mafiosi-Braut)
Regie: Jonathan Demme, mit Matthew Modine

1988
Tequila Sunrise (Tequila Sunrise)
Regie: Robert Towne, mit Mel Gibson, Kurt Russell
Dangerous Liaisons (Gefährliche Liebschaften)
Regie: Stephen Frears, mit John Malkovich

1989
The Fabulous Baker Boys (Die fabelhaften Baker Boys)
Regie: Steve Kloves, mit Jeff und Beau Bridges
The Russia House
Regie: Fred Schepisi, mit Sean Connery

Isabella Rossellini
Sanftmütige Klarheit

Ein Gesicht, das zu Träumereien verleitet: sanfte Linien, Augen, die klar sind und doch verklärt in die Ferne zu sehen scheinen, sinnliche Lippen, eine Ausstrahlung von innerer Ruhe und Ausgeglichenheit – das ist das Kapital von »Mona Isabella«, wie Isabella Rossellini bereits genannt wird. Kein Wunder, daß dieses Gesicht zu den teuersten der Welt zählt. Mit mehr als 400.000 Dollar im Jahr ließ sich Isabella von der französischen Kosmetikfirma Lancôme das Recht bezahlen, mit ihrem Gesicht für Parfüms und Hautcremes werben zu dürfen.

Isabella Rossellini wurde 1952 als Tochter von Ingrid Bergman und Roberto Rossellini geboren – zwei berühmte Filmschaffende, die eine zu ihrer Zeit skandalöse Verbindung eingegangen waren. Zunächst hatte sie nicht vor, in die Fußstapfen ihrer Eltern zu treten, auch wenn sie eine Zeitlang an den Kostümen für die Filme ihres Vaters mitarbeitete. Dann aber zog sie nach New York, um Kostümdesign zu studieren. Nicht für lange, denn das dortige Büro der italienischen Fernsehgesellschaft RAI engagierte sie als Reporterin. Sie kam so gut in Italien an, daß man ihr eine eigene Comedy-Show gab. Bei einem ihrer Reporteraufträge hatte sie den Regisseur Martin Scorsese kennengelernt und wenig später auch geheiratet. Er überredete sie, ihre erste große Filmrolle zu übernehmen. Unter der Regie der Gebrüder Paolo und Vittorio Taviani spielte sie in deren traumhaft schönen *Il prato* eine junge Frau zwischen zwei Männern. In einem Landhaus in der Toskana suchen alle drei den Widerspruch zwischen den eigenen Ansprüchen und der Realität zu bewältigen. Außerdem kann sich Eugenia nicht zwischen den beiden Männern entscheiden: sie liebt beide. Die Tavianis inszenierten ihren Film als eine Hommage an Roberto Rossellini, dessen Tochter Isabella dem ruhigen Charakter des Films ihren Stempel aufdrückte. Sie strahlte darin eine ungewöhnliche Sanftheit und Gelassenheit aus, erinnerte dabei stark an ihre Mutter Ingrid Bergman, deren Starqualität ebenfalls auf

Eines der teuersten Gesichter der Welt blickt verklärt in die Ferne: »Mona Isabella«.

dem Ausdruck ihres Gesichtes beruhte. Wie ihre Mutter überzeugte Isabella durch die scheinbare Farblosigkeit ihres Wesens, das Gefühle zu unterdrücken schien, nur um sie dann um so heftiger auszuspielen. Ihr vorsichtiges Lächeln, einer Sphinx gleich, scheint dabei viel zu versprechen, und doch hält

189

es auf Distanz. Obgleich *Il prato* international große Aufmerksamkeit erregte und vor allem Isabella Rossellini gelobt wurde, drehte sie außer einem unbedeutendem italienischen Film vier Jahre keinen anderen. Vielleicht wollte sie den Vergleichen mit ihrer Mutter entgehen, die nach *Il prato* sofort angestellt worden waren. Stattdessen begann sie ihre Karriere als Fotomodell, die sie vor die Linse der berühmtesten Fotografen und auf die Titelseiten der bedeutendsten Mode- und Frauenzeitschriften brachte.

Erst 1985 war sie – inzwischen von Martin Scorsese geschieden – wieder auf der Leinwand zu sehen. In Taylor Hackfords sentimentalem *White Nights* spielte sie eine junge Russin, die mit einem ehemaligen amerikanischen Deserteur und Tänzer verheiratet ist, der wieder zurück in seine alte Heimat will. Der KGB versucht dies zwar zu verhindern, aber das Hollywood-Kino kennt doch erfolgreiche Auswege. Als Russin mußte Isabella Rossellini nicht schön sein. Wichtiger war die Würde, die sie ihrer Figur verleihen konnte. Dabei erwies sie sich als eine veritable Schauspielerin, der es gelang, den Gewissenskonflikt und den Schmerz ihrer Figur nachvollziehbar zu machen.

Ein Jahr darauf dann der Film, der ihre Aura der Reinheit und Unberührbarkeit auf den Kopf stellte. David Lynch, bekannt geworden durch seine visionären Filme *Eraserhead* und *The Elephantman,* legte mit *Blue Velvet* einen monströs häßlich-schönen Thriller vor, in dem Isabella die Nachtclubsängerin Dorothy verkörperte. Ein junger Mann (Kyle MacLachlan) findet auf einer Wiese ein abgeschnittenes Ohr und stellt auf eigene Faust Nachforschungen über dessen Besitzer an. Dabei gerät er an die Sängerin Dorothy, die unter dem Einfluß eines schmierigen Kriminellen (Dennis Hopper) steht. Er verliebt sich in die mysteriöse Frau, die ihn sexuell benutzt. Das aber ruft den Kriminellen auf den Plan, der auf seine Weise den jungen Mann in eine Welt von Mord und Sexualität einführt. Die italienische Presse zeigte sich schockiert von dem Film und warf Isabella Rossellini vor, das Ansehen ihrer Eltern zu beschmutzen. Anlaß für die Beschimpfungen waren vor allem eine Szene, in der Dorothy vor den Augen des jungen Mannes vergewaltigt wird. Später rennt sie, völlig verstört, nackt auf die Straße. Die keusche

Reinheit der Isabella Rossellini, wie sie aus *White Nights* und besonders aus den Modezeitschriften herausstrahlte, entpuppte sich hier mit einem Mal als die brüchige Fassade einer zerrütteten, von Begierden und Wunschträumen beherrschten Gestalt. *Blue Velvet* etablierte die distanzierte Isabella als ein Sexsymbol mit psychischen Abgründen. Sie war die schwarze Seite der Verführung, ein Opfer brutaler Männerphantasien. Ihre Laszivität besaß etwas Verzweifeltes. Ihre Art und Weise, den Song »Blue Velvet« ins Mikrophon zu hauchen, hatte nichts Verführerisches, sondern etwas Tragisches an sich. Ebensowenig ihr nackter Körper, der manche Zeitungen dazu veranlaßte, auf ihre Hüftpartie als mögliche »Problemzone« hinzuweisen. Isabella Rossellini aber nahm die Aufregung in ihrer Heimat gelassen. »Es wäre ganz sicher sehr schwierig gewesen, all diese Dinge, wie geschlagen zu werden, meine Kleider auszuziehen

Sexuelle Hörigkeit »beschmutzte« das Ansehen der Eltern. *Blue Velvet*.

191

Sexsymbol mit psychischen Abgründen. Isabella Rossellini kehrt ihr reines Image gegen den Strich. *Blue Velvet*.

und vergewaltigt zu werden als Isabella zu tun, aber als Dorothy fand ich es ziemlich leicht.« Sicherlich ist *Blue Velvet* ihr stärkster schauspielerischer Ausdruck, vielleicht, weil sie eine der eigenen

192

völlig entgegengesetzte Persönlichkeit verkörperte. Sie liebt diesen Film – und seinen Regisseur, mit dem sie zusammenlebt –, möglicherweise auch, weil er das vorschnelle Etikett der »neuen Bergman« so nachhaltig in Frage stellte. Es war wie ein Befreiungsschlag.

In der Komödie *Cousins,* einem Remake des französischen *Cousin, Cousine,* spielte sie dagegen wieder eine Rolle, in der sie stark an ihre Mutter erinnerte. Es ist die Geschichte einer jungen verheirateten Frau, die sich bei einer Familienfeier in einen Cousin verliebt und in der Folge mit ihm ein Liebesverhältnis eingeht. Der sentimentale, gelegentlich kitschige Film zeigte wieder eine Isabella Rossellini in ihrem alten Image. Unschuldig – trotz des Seitensprunges – und rein. Eine Erscheinung, distanziert und irgendwie träumerisch. Ein Wesen wie aus einer anderen Welt. Ihr Gesicht hat wieder die Sanftheit und die Klarheit angenommen, die ihr in *Blue Velvet* abhandengekommen waren. Noch aber ist völlig offen, welchen Weg Isabella Rossellini weiter beschreiten wird. Auf jeden Fall wird sie – ob geschunden oder rein – immer wie eine Madonna wirken. Auch das macht eine Göttin im Kino aus.

Filme

1979
Il prato (Die Wiese)
Regie: Paolo und Vittorio Taviani, mit Michele Placido

1985
White Nights (White Nights – Die Nacht der Entscheidung)
Regie: Taylor Hackford, mit Gregory Hines, Mikhail Baryshnikov

1986
Blue Velvet (Blue Velvet)
Regie: David Lynch, mit Kyle MacLachlan, Dennis Hopper

1989
Cousins (Seitensprünge)
Regie: Joel Schumacher, mit Ted Danson, Sean Young

Theresa Russell
Laszive Leidenschaft

Vielen gilt sie als die erotischste Erscheinung im amerikanischen Kino der achtziger Jahre. Sicher ist, daß sie es in den Neunzigern bleiben wird. Bereits in ihrer ersten Rolle ließ Theresa Russell erahnen, wieviel Erotik sie ausstrahlen kann. Da war sie zwar noch fast ein Nymphchen und versuchte einem älteren Mann den Kopf zu verdrehen, doch auch in ihren späteren Filmen war es meist die Beziehung zu einem älteren Mann, die ihre Rollen prägte. *The Last Tycoon* hieß ihr Leinwanddebüt, in dem sie gleich an der Seite zahlreicher Superstars spielte. Unter der Regie von Elia Kazan verkörperte sie die Tochter des Filmmoguls Robert Mitchum, die dessen genialischen Partner Robert De Niro zu verführen sucht. Doch der sieht in ihr immer noch das Kind seines Geschäftsfreundes. Aber bereits in dieser ihrer ersten Rolle bewies Theresa Russell, daß hinter der Fassade ihrer makellos glatten Schönheit ein sinnlicher Vulkan schlummerte, nicht ungefährlich für die Männer, die sich mit ihr einlassen. Vor allem aber sind es – und das ist ein interessantes Phänomen – immer wieder ältere Männer, die ihren verführerischen Blicken und Bewegungen verfallen. »Ich halte mich selbst nicht für ein Sexsymbol, sondern für eine Frau mit Sex«, meinte Theresa Russell über ihr Image. »Ich mag Sex sehr gern; es ist etwas sehr Kraftvolles im Leben. Wenn du diesen wichtigen Bereich leugnest, leugnest du gut fünfzig Prozent deiner Lebenserfahrung. Bei mir machte das wohl fünfundsiebzig Prozent aus, bevor ich Kinder hatte . . .«
Auch in der Realität war dies nicht viel anders. Theresa Russell wurde 1957 in San Diego geboren und zog später mit ihrer Mutter und ihren Geschwistern nach Burbank, ein Stadtteil von Los Angeles. Der Vater hatte da die Familie bereits verlassen. Als Fünfzehnjährige lernte sie am Strand einen nahezu doppelt so alten Psychiater kennen, mit dem sie ein Jahr später zusammenlebte. Denn als Sechzehnjährige war Theresa Russell bereits von der High School abgegangen, wo sie

Hingebungsvolle Leidenschaft. *Track 29.*

gelegentlich in der Theatergruppe gespielt hatte. Ihr attraktives Äußeres hatte ihr außerdem bereits einen Job als Fotomodell eingebracht. Seit ihrem zwölften Lebensjahr posierte sie mit der Erlaubnis ihrer Mutter für einige provozierende Lolita-Fotos. Doch ihr eigentliches Interesse galt der Schauspielerei. In Los Angeles besuchte sie zwei Jahre lang das Lee Strasberg Theatre Institute, was sie schließlich in Verbindung zum Strasberg-Freund Kazan gebracht hatte.

Auch Strasberg-Schüler Dustin Hoffman verfiel dem lasziven Charme der Jungschauspielerin. Er brachte den Regisseur Ulu Grosbard dazu, sie als seine Freundin in dem Ganovenstück *Straight Times* zu besetzen. Theresa Russell wußte zu gefallen, aber der Stoff bot ihr wenig Gelegenheit, ihre Rolle über die angelegte Eindimensionalität hinaus zu gestalten. Ihr nächster

195

Film *Bad Timing: A Sensual Obsession* war gleich eine Art von persönlichem Resümee. In der Rolle der jungen, verführerischen Milena trifft sie den amerikanischen Psychiater Dr. Linden (Art Garfunkel). Milena hat gerade ihren Ehemann verlassen und beginnt mit Linden ein Liebesverhältnis. Doch der projiziert in sie seine Idealvorstellung einer Frau, die Milena nicht bereit ist zu akzeptieren. Milena, zuvor die direkt-vulgäre Verführerin, findet nicht die Erfüllung, die sie sucht und unternimmt einen Selbstmordversuch. Der Film greift psychologische Themen auf – wie Voyeurismus – und setzt sie auf spannende und verstörende Weise um. Regisseur des Werks war Nicolas Roeg, nahezu doppelt so alt wie seine Hauptdarstellerin, die mit ihm eine Affäre begann, die 1985 mit ihrer Hochzeit endete. Theresa Russell, die offen darüber sprach, Sex zu genießen und eine Vorliebe für ältere Männer zu haben, hatte in Roeg einen gleichgesinnten Partner gefunden, überdies jemanden, der sie wie kein anderer als die Inkarnation der erotischen Verführung und der sexuellen Wollust inszenierte. In Roegs Meisterwerk *Eureka* spielte Theresa Russell die Tochter eines (von Gene Hackman dargestellten) Magnaten, die leidenschaftlich verliebt ist in einen Mann (Rutger Hauer), den ihre Eltern nicht mögen. Dennoch hält sie zu ihm, auch als er des Mordes an ihrem Vater angeklagt wird. Denn nie wird sie die Stunden wilder Leidenschaft vergessen, die sie mit ihm verbracht hat. In *Eureka* erschien Theresa Russell in mehreren Aufzügen, die ihre Wandlungsfähigkeit unterstrichen. Da ist einmal die kaum bekleidete junge Frau, die ihre Erfüllung findet in der ekstatischen Sexualität, da ist auf der anderen Seite die mondäne Dame, die in ihrem Aussehen an Gene Tierney erinnerte. Und wie Gene Tierney, die in *Laura* (1944) von Otto Preminger zum Sinnbild der mysteriösen, männerverschlingenden Frau wurde, deren magische Erscheinung jedem Mann den Kopf verdreht, wurde auch Theresa Russell in der Folge zum Synonym für Rätselhaftigkeit und Leidenschaftlichkeit. In *Insignificance,* ebenfalls von Nicolas Roeg, schlüpfte sie in die Haut von Marilyn Monroe. »Ich konnte mich mit der Figur von Marilyn identifizieren, auch ihrer Art, die Männer für ihre Zwecke zu benutzen und dabei selbst, durch den Gebrauch ihrer Sexualität, weiterzu-

196

kommen.« (In: American Film, April 1989) Doch auch in ihrer Darstellung von Marilyn Monroe blieb die eigene, erotische Ausstrahlung von Theresa Russell erkennbar. Das Gesicht mit den schillernd grünen Augen und ihr Körper mit den geschmeidigen Bewegungen erinnern an eine Katze – immer wachsam und immer gespannt. Wieder war es Nicolas Roeg, der eine neue darstellerische Seite seiner Frau aufschlug. In *Track 29* ließ er sie eine amerikanische Hausfrau spielen, die verzweifelt nach sexueller Befriedigung in einer Ehe lechzt, deren männlicher Teil sich lieber seiner Modelleisenbahn widmet. Während Roegs Filme nur von einem kleinen Publikum gesehen wurden, das längst in Theresa Russell eine – sexuell allerdings explizitere – Wiederbelebung der Femme fatale der vierziger Jahre sah, war

Inkarnation der erotischen Verführung und sexuellen Lust. Mit Rutger Hauer in *Eureka*.

197

es einem anderen Regisseur vorbehalten, dieses Image in einem wirklichen *Film noir* auf faszinierende Weise einem größeren Zuschauerkreis vorzustellen.

Bob Rafelson, der schon Jessica Lange in *The Postman Always Rings Twice* zu einem erotischen Star im Stil der vierziger Jahre gemacht hatte, schuf mit *The Black Widow* einen ungemein

Identifikation mit Marilyn: Sexualität als Mittel zum Weiterkommen. Theresa Russell in *Insignificance*.

198

Erotische Konfrontation zwischen Jägerin und Gejagter. Mit Debra Winger in *The Black Widow*.

spannenden Thriller, in dem Theresa Russell als mörderische Femme fatale überzeugte. Immer wieder heiratet sie reiche, ältere Männer, läßt sich von ihnen als Alleinerbin einsetzen und vergiftet sie dann auf eine Weise, die einen natürlichen Tod suggeriert. Debra Winger in der Rolle der Justizbeamtin Alexandra kommt ihr durch Zufall auf die Schliche, doch ihr fehlen die Beweise. Sie inszeniert auf Hawaii eine Begegnung mit der mörderischen Witwe, die bereits ein neues Opfer ausgespäht hat, das Alexandra nun vor seinem Schicksal zu

Erotisches Zentrum. Theresa Russells schwarze Witwe ist von tödlicher Sexualität. *The Black Widow.*

bewahren versucht. Dabei gerät sie aber selber unter den Einfluß der verführerischen Witwe, die mit ständig wechselnder Selbstdarstellung ihre Opfer an sich fesselt. Mal ist sie die dümmliche Blondine, nur da, um männlichen Besitzerstolz zu nähren, mal gibt sie sich als Wissenschaftlerin aus, mal als junge Witwe, die auf der Suche nach einem neuen Lebenssinn ist. Theresa Russell ist das erotische Zentrum dieses Film. Sie wirkt zu jeder Zeit, in jeder Rolle, ungeheuer faszinierend und verführerisch. Alexandra spürt, daß sie ihr geheimes Gegenbild verkörpert, und so kann sie nichts dagegen unternehmen, daß zwischen ihr, der Jägerin, und der Gejagten eine subtile Intimität entsteht. Als die schwarze Witwe dann schließlich doch wieder heiratet, nachdem Alexandra vergeblich versucht hatte, ihr den Mann auszuspannen – was dieser angesichts der sexuellen Attraktivität

200

Theresa Russells kaum glaubhaft hätte gelingen können, schenkt ihr Alexandra eine Brosche, die die Form einer schwarzen Witwe hat. Die schwarze Witwe – eine Spinnenart – liebt ihre Männer erst, um sie dann zu töten. Als Dank bekommt sie von Theresa Russell einen Kuß auf die Lippen gedrückt.
The Black Widow erwies sich als ein Film, der die erotische Aura seiner Hauptdarstellerin um eine interessante Variante erweiterte. Theresa Russells Sexappeal ist nie eindeutig. Sie sieht aus wie eine Cover-Schönheit, mit perfekten Formen und einem katzenhaften Gesicht, doch nichts ist bei ihr so klar wie es scheint. Ihre Faszination resultiert aus der Ambiguität; selbst wenn sie die Kleider abstreift – vor allem in den Filmen ihres Mannes –, bewahrt sie ein abgründiges Geheimnis. Ihre Erotik wirkt dann sehr dunkel, ihre Laszivität verführerisch und doch auch gefährlich. In dem Thriller Impulse wurde noch einmal ihre Ambiguität fixiert. Theresa Russell spielte darin eine Polizistin, die als Undercover-Agentin auf dem Strich arbeitet und immer mehr der Faszination des Verbotenen verfällt. Sie ist Opfer wie Täterin zugleich. Ihr madonnenhafter Unschuldsausdruck täuscht nur eine gewisse Zeit darüber hinweg, wie eruptiv und sinnlich ihr Charakter ist.
Theresa Russell ist das schlechte Gewissen eines Kinos, dessen sexuelle Träume und Wunschvorstellungen der eigenen Prüderie zum Opfer fallen.

Filme

1975
The Last Tycoon (Der letzte Tycoon)
Regie: Elia Kazan, mit Robert De Niro, Robert Mitchum

1977
Straight Time (Stunde der Bewährung)
Regie: Ulu Grosbard, mit Dustin Hoffman

1979
Bad Timing: A Sensual Obsession (Blackout – Anatomie einer Leidenschaft)
Regie: Nicolas Roeg, mit Art Garfunkel

1982
Eureka (Eureka)
Regie: Nicolas Roeg, mit Gene Hackman, Rutger Hauer

1985
Insignificance (Insignificance – Die verflixte Nacht)
Regie: Nicolas Roeg, mit Tony Curtis

1986
The Black Widow (Die schwarze Witwe)
Regie: Bob Rafelson, mit Debra Winger, Sami Frey

1988
Track 29 (Track 29 – Ein gefährliches Spiel)
Regie: Nicolas Roeg, mit Gary Oldman

1990
Impulse (Impulse – Von gefährlichen Gefühlen getrieben)
Regie: Sondra Locke, mit George Dzundza

Susan Sarandon
Erfahrung und Sinnlichkeit

Ihr erster Auftritt in einem Kinofilm geschah in einem Werk, dem niemand so recht eine Chance geben wollte. Ein Film, der am Rande der Industrie angesiedelt war und alles andere als einen Mainstream-Charakter versprach. Ein Schicksal, das im Laufe ihrer Karriere auch die Hauptdarstellerin dieses Films teilen sollte. Die Nische am Rande eines Kinos, das sich nach dem Massengeschmack orientiert, wurde zur Domäne der Schauspielerin Susan Sarandon, die kein Star fürs breite Publikum ist und dies auch gar nicht sein will. Der Film, in dem sie ihr Debüt gab, heißt *The Rocky Horror Picture Show,* eine Außenseiterproduktion von und mit Unbekannten, die in den Jahren nach der Uraufführung einen absoluten Kultstatus gewann. In den USA wie in Deutschland, in England wie in Frankreich und anderswo – die Kinos, in denen der Film lief, entwickelten sich zum Schauplatz vergnügter Happenings, bei dem die Zuschauer selbst zu Darstellern des Films wurden. Sie schlüpften in die Kostüme der Filmfiguren, rezitierten lautstark die Dialoge und entwickelten in manchen Kinos nach und nach eine eigene Show. Ungewöhnlich war das Maß der Identifizierung mit einem Film. So etwas hatte es in der Filmgeschichte noch nicht gegeben. 1990 sind es fünfzehn Jahre, in denen das Horror-Musical läuft. Es soll Zuschauer geben, die den Film einige hundert Mal besucht haben. Unklar blieb dabei die ganze Zeit, was eigentlich der Auslöser für die kultische Verehrung dieses Films war. Wohl nicht die weibliche Hauptdarstellerin Susan Sarandon, die kaum noch mit dem Film in Verbindung gebracht wird und damals völlig unbekannt war.
Dabei bildete doch gerade sie das Gegengewicht zu der bizarren Truppe ausgeflippter Transsylvanier, die in einem Schloß hausen, in dem Janet (Sarandon) mit ihrem Verlobten Brad Unterschlupf sucht. Zu spät merken sie, in welche Gesellschaft sie geraten sind. Nun müssen sich beide den sexuellen Annäherungsversuchen des Zwitterwesens Frank N. Furter (Tim Curry)

erwehren, was ihnen nicht immer gelingt. Am Ende des turbulenten Geschehens kehren die Transsylvanier ins All zurück, nachdem sie sich ihres Tyrannen Frank N. Furter entledigt haben. Janet und Brad gelingt mit knapper Not die Flucht. Susan Sarandon durfte gleich zu Beginn des Films zeigen, welche Vorzüge sie aufzuweisen hat. Denn die Schloßbewohner ziehen sie aus bis auf den Büstenhalter und Slip, und dies bleibt ihr Kostüm für große Teile des Rock-Musicals. Angesichts der phantasievollen Kostüme und Maskeraden bildete ihre Person einen reizvollen Kontrast. Ihre aufregend irdische Erotik stand gegen die ebenso aufregend bizarre der Transvestitenwelt, aus der der Film möglicherweise seinen Reiz bezog. Cher, die mit Susan Sarandon Jahre später zusammen in *The Witches of Eastwick* vom Teufel in Gestalt Jack Nicholsons verführt wurde, äußerte sich nicht nur über die darstellerischen Qualitäten und die Sicherheit ihrer Kollegin begeistert. Hinsichtlich der erotischen Ausstrahlung meinte sie lapidar, »sie hat einen großartigen Busen«. Das hatte auch der »Playboy« rausgefunden, der seine Aktserie mit ihr als »the celebrity breasts of the summer« feierte. Ein Star für die Massen wurde Susan Sarandon dadurch aber nicht. Stattdessen bildete sich ein hartnäckiger und von ihren Starqualitäten zutiefst überzeugter Kreis von Anhängern, nicht zuletzt unter den Regisseuren. Der französische Regisseur Louis Malle, dessen frühe Filme die erotischsten der *Nouvelle Vague* waren und der Mitte der siebziger Jahre in die USA wechselte, war der erste, der die Sensualität von Susan Sarandon erkannte und entsprechend in Szene setzte. In dem skandalträchtigen *Pretty Baby* spielte sie die Mutter von Brooke Shields, jener Kinderfrau, deren Jungfräulichkeit in dem Bordell, in dem ihre Mutter arbeitet, meistbietend versteigert werden soll. Der Film schwelgt in seiner eleganten Inszenierung. Die Bilder sind konstruiert wie Tableaus aus einer fernen Zeit, nicht selten an der Grenze zum Kitsch. Susan Sarandon aber gab mit ihren großen braunen Augen, ihrer leicht nach oben weisenden Nase und ihrem raffiniert verdeckten, dennoch entblößten Körper dem Film eine ganz andere Note. Sie verkörperte eine erwachsene Erotik und strahlte eine sexuelle Erfahrenheit aus, die von Malle

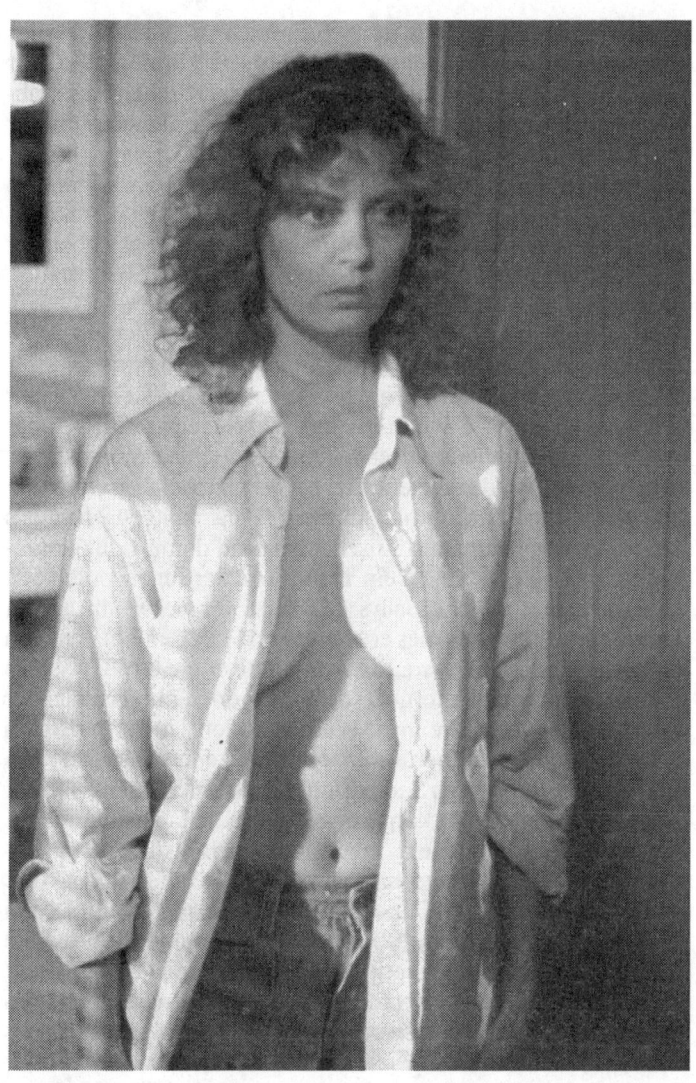

Unter dem Hemd verstecken sich die »celebrity breasts of the summer«. *Atlantic City.*

madonnenhaft verklärt wurde. Sie rettete den Film vor der Peinlichkeit, in die er leicht hätte abrutschen können. Wie sehr Louis Malle, eine Zeitlang auch privat, der erotischen Ausstrahlung seiner Hauptdarstellerin erlegen war, zeigte sich in ihrer zweiten gemeinsamen Arbeit *Atlantic City, USA.*

Sally (Sarandon) arbeitet an der Austerntheke eines Kasinos. Jeden Abend, wenn sie in ihre baufällige Wohnung heimkehrt, unterzieht sie sich einem Säuberungsritual, das ihr Nachbar, der alte Kleinganove Lou (Burt Lancaster) heimlich beobachtet. Was er zu sehen bekommt, fasziniert durch die ungeheuere Sinnlichkeit. Sally läßt auf ihrem Kassettenrekorder eine Arie abspielen, zieht sich ihren Pullover aus und beginnt sich mit Wasser zuerst die Arme abzuwaschen. Dann streift sie ihr Unterhemd über die Schultern und reibt mit einer Zitrone über Arm und Busen, die sie anschließend abwäscht und abtrocknet, bevor sie sich wieder anzieht. Der Szene haftet eine große Ruhe an, von Louis Malle mit subtilem Fingerspitzengefühl als erotische Verführung des Zuschauers (und damit Lous) inszeniert. Für Lou entsteht da ein Traum von der Jugend, die noch einmal in ihm auflebt. Sallys Ex-Mann verwickelt ihn in ein Drogengeschäft, durch das er zum ersten Mal zu einem richtigen Gangster und Mann wird. Bislang kannte er die Großen seines Fachs nur aus der Entfernung der Jahre, doch nun erschießt er zwei Gangster, die Sally an die Wäsche wollen. Und er darf Sallys wunderbaren Busen berühren, in einer Szene voller Emotion und Sensibilität. Susan Sarandon etablierte sich durch *Atlantic City, USA* als die Verkörperung der sexuell bewußten und emanzipierten Frau. Kein Sexsymbol zur Bewunderung, sondern eines, das Partnerschaft verhieß und Natürlichkeit. Ihre ruhige und gefühlvolle Darstellung in diesem melanchonischen Gangster- und Liebesfilm brachte Susan Sarandon ihre erste und bislang einzige »Oscar«-Nominierung ein.

Ein Star wurde sie dennoch nicht, obgleich sie alle Voraussetzungen dazu mitzubringen schien. Aber niemand, außer Louis Malle, schrieb ihr einen Film auf den sinnlichen Leib. Immer wurde sie nur besetzt, manchmal auch, wie bei *The Witches of Eastwick,* für eine andere Rolle als die ursprünglich vorgesehene. So sollte sie in dieser Geschichte von drei alleinstehenden

Erotische Sensualität und sexuelle Reife – ein Traum für jedermann.
Bull Durham.

Frauen, die in einer Provinzstadt leben und sich nur über Männer unterhalten, zunächst die Bildhauerin Alex spielen, wurde dann aber durch Cher ersetzt. So stand sie vor der Alternative, entweder das Projekt zu verlassen oder die Rolle der Cellistin Jane zu übernehmen. Susan Sarandon entschied sich für die zweite Alternative und überzeugte in ihrer Verwandlung von der grauen Maus zur aufregenden Sirene mit natürlicher Erotik. Schon zuvor hatte sie in einigen Filmen durch ihre ungemein erotische Ausstrahlung überzeugt, die sich hinter einer Fassade grauer Bürgerlichkeit verbarg. In dem New-Wave-Vampirfilm *The Hunger* etwa spielte sie eine Altersforscherin, die von der kühlen Schönheit Cathérine Deneuves verführt und damit selbst zu einer Vampirin wird, die die Liebhaber blutleer saugt. In Paul Mazurskys modernisierter Shakespeare-Verfilmung *The Tempest* war sie die frustrierte Freundin von John

Cassavetes, die sich einen anderen Liebhaber sucht, um ihre sexuellen Bedürfnisse zu befriedigen.

Susan Sarandon wurde zum Sinnbild einer Frau, die ihr Leben in Eigenverantwortung und Selbstbestimmung lebt. Sexualität und Erotik sind Bestandteile dieses Lebens, aber nicht ihr ausschließlicher Inhalt. Nicht ihre Verführungskünste zählen, sondern ihr Charakter, ihre Persönlichkeit. Das ist es, was sie an den Rollen interessiert. Nicht der Glamour und nicht das erotische Flair. Dementsprechend ist Susan Sarandon, geborene Susan Abigail Tomlin, Ex-Frau des Schauspielers Chris Sarandon *(Dog Day's Afternoon)*, auch nie Gegenstand der Hollywood-Klatschpresse. Vielmehr interessieren sie soziale Probleme, sie ist aktiv in der Frauenpolitik und in der Aids-Hilfe tätig. Ein Star zu sein, ist nicht ihr Ehrgeiz. Die Rollen sind es, die sie interessieren. So zog sie es vor, weiter in einem Bühnenstück mitzuwirken, statt die weibliche Hauptrolle in *Romancing the Stone* zu übernehmen. An ihrer Stelle spielte dann Kathleen Turner. So spielte sie auch in einem Erstlingsfilm mit, dessen Erfolgsaussichten gering schienen.

Bull Durham wurde dann doch in den USA ein großer Erfolg, nicht zuletzt wegen der Selbstverständlichkeit, mit der Susan Sarandon ihre ungewöhnliche Frauenfigur darstellte. Annie ist Fan der örtlichen Baseball-Mannschaft. Jedes Jahr sucht sie sich einen neuen Spieler aus dem Team aus und macht ihn für eine Saison zu ihrem Liebhaber. Doch nicht nur das. Sie bereitet ihren jeweils Auserwählten auf das Leben schlechthin vor. So muß sich ihr aktueller Liebhaber, ein vielversprechender Spieler, dem ein Engagement in der ersten Liga winkt, von ihr ans Bett fesseln lassen. Nicht etwa, um aufregende sexuelle Spiele zu treiben, sondern um ruhig ihre literarischen Rezitationen wahrnehmen zu können. Bei ihren Belehrungen aber gerät sie in Konflikt mit einem älteren Spieler, der am Ende seiner Karriere steht (Kevin Costner) und ein Auge auf sie geworfen hat. Als Annie ihr Ziel erreicht hat, ihr junger Liebhaber einer Karriere in der ersten Liga entgegensieht und auch als Mensch dazugelernt hat, wendet sie sich dem älteren Spieler zu, der am Ende der Saison ausgemustert wurde. Jetzt, da sie selber nicht mehr die jüngste ist und es ohnehin immer schwieriger wird, mit ihrem

Sinnbild einer erwachsenen Frau, für die Erotik und Sex wichtiger, aber nicht ausschließlicher Bestandteil des Lebens sind. *Bull Durham.*

Sex gegen die Frische der jungen Mädchen anzukommen, hat sie eine neue Aufgabe. Letztlich geht es dabei dann auch um ihr eigenes Glück. *Bull Durham* lebte vor allem von seinen Schauspielern und in erster Linie von Susan Sarandon. Sie verstand es,

mit einem Blick, einer Geste, einer Bewegung, Lebenserfahrung, Frivolität, Erotik und Seriosität zugleich auszudrücken.
Das Spiel ihres Gesichtes und ihres Körpers versinnbildlicht die
reife Erotik einer erfahrenen Frau, die sich andere Prioritäten
gesetzt hat als Verführung. Intelligenz, Witz, eine natürliche
Schönheit und darstellerisches Können machen Susan Sarandon zu einer der aufregendsten sinnlichen Erscheinung auf der
Leinwand der achtziger und neunziger Jahre. Durch ihr Mitwirken gewinnt ein Film an Wärme und Sensualität. Und das ist
nicht gerade wenig.

Filme

1975
The Rocky Horror Picture Show (The Rocky Horror Picture Show)
Regie: Jim Sharman, mit Tim Curry

1977
Pretty Baby (Pretty Baby)
Regie: Louis Malle, mit Keith Carradine, Brooke Shields

1979
Atlantic City, USA (Atlantic City, USA)
Regie: Louis Malle, mit Burt Lancaster

1982
The Tempest (Der Sturm)
Regie: Paul Mazursky, mit John Cassavetes

1983
The Hunger (Begierde)
Regie: Tony Scott, mit Cathérine Deneuve, David Bowie

1986
The Witches of Eastwick (Die Hexen von Eastwick)
Regie: George Miller, mit Jack Nicholson, Cher, Michelle Pfeiffer

1988
Bull Durham (Annies Männer)
Regie: Ron Shelton, mit Kevin Costner
The January Man (Im Zeichen der Jungfrau)
Regie: Patrick O'Connor, mit Kevin Kline

Greta Scacchi
Glamouröse Romantik

Sie ist eine Kosmopolitin des Kinos. Von Film zu Film wechselt sie die Länder und die Geschichten. Was bleibt, ist allein ihre Erscheinung. Mit Greta Scacchi kehrte der Glamour auf die Leinwand zurück, ein Glamour, der nicht von Äußerlichkeiten, sondern von ihrer Präsenz lebt. Die langen blonden Haare, blauen Augen, die leichte Stupsnase, der sinnliche, wohlgeformte Körper – all das können die Voraussetzungen sein für einen Star und ein Sexsymbol. Bei Greta Scacchi sind sie nur ansehliche Beigaben zu einer Persönlichkeit, die sich über alle Grenzen von Genres und Etikettierungen hinweg durchzusetzen vermag. Ihr Charme verwandelt die Leinwand, das Kino insgesamt, in einen magischen Ort. Sie verkörpert die Romantik in einer vom technischen Aufwand geprägten Epoche des Films und trägt somit das Ihre dazu bei, das Kino wieder zu einem Platz von Träumen zu machen.

Greta Scacchi verbindet in ihrer Persönlichkeit die mondäne Ausstrahlung einer Greta Garbo mit der coolen Sensibilität einer Lauren Bacall. Ihre Auftritte evozieren die Erinnerung an die längst vergangenen Glanzzeiten der Traumfabrik Hollywood. Sanftmut und Passion gehen bei ihr eine unnachahmliche Symbiose ein, die wie ein Fremdkörper wirkt im Kino der achtziger Jahre, dessen erotische Komponente vornehmlich aus sexueller Direktheit und Gewalt bestand.

1960 in Mailand als Tochter eines italienischen Malers und einer englischen Tänzerin geboren, kam sie im Alter von sechs Jahren nach England, wo sie sich allerdings nie heimisch fühlte. Als sie fünfzehn war, wurde sie von ihrer Mutter nach Australien mitgenommen. Nicht für lange. 1978 kehrte Greta Scacchi nach Großbritannien zurück und begann dort eine Schauspielausbildung. In Australien hatte sie durch ihre Mitwirkung in Schulaufführungen ihre Liebe zum Theater und zum Schauspieler-Beruf entdeckt; in Großbritannien hoffte sie, ihrer Berufung folgen zu können. Drei Jahre besuchte sie die Old Vic School in Bristol mit

Die Wiederkehr des Glamour – Greta Scacchi im Gewande der 40er Jahre. *White Mischief.*

dem festen Ziel, nur noch Theater zu machen. Sie lernte den Vorzug zu schätzen, in einem Ensemble arbeiten zu können. Das Kino kam ihr damals noch nicht in den Sinn. Erst als sie Isabelle Huppert in Claude Chabrols *Violette Nozière* sah, war ihr bewußt, daß ihre wahre Berufung der Film sein würde. Kleine Rollen in Kurzfilmen und TV-Serien-Episoden folgten, doch paradoxerweise war es das kinounfreundliche Deutschland, das ihr die erste Hauptrolle in einem Kinofilm bot. In Dominik Grafs Psycho-Horror-Thriller *Das zweite Gesicht* spielte sie eine junge Buchhändlerin mit einem »zweiten Gesicht«. Der Film verschwand rasch in der Versenkung, doch die Karriere der jungen Greta nahm ihren Anfang. In der Folge spielte sie in einigen

212

»La Scacchi« verbindet mondäne Erotik mit gefühlvoller Romantik. *Die letzten Tage in Kenya.*

213

Fernsehfilmen, an der Seite so berühmter Schauspieler wie Laurence Olivier und James Mason. 1985 kehrte sie zu Dreharbeiten in ihre zeitweilige Heimat Australien zurück.

In Dusan Makavejevs *The Coca-Cola Kid* reüssierte sie als junge Frau von unverbrauchter Natürlichkeit und erfrischender sexueller Aktivität. Sie verkörperte die eigensinnige Tochter eines kleinen, störrischen Getränkeherstellers, den der von Eric Roberts gespielte Coca-Cola-Vertreter aus dem Geschäft drängen will. Doch die Liebe, in Gestalt der aufregenden Greta Scacchi, macht ihm einen Strich durch die Rechnung. Greta Scacchi hatte einige Nacktszenen zu absolvieren. Sie bewältigte sie mit einer Natürlichkeit, die keine Verfänglichkeit zuließ. Man spürte, der Sex macht ihr Spaß, ist Bestandteil ihres Lebens. Doch man fühlte auch, daß sie eine große Romantikerin ist.

Die Rollenangebote häuften sich, doch sie lehnte alle ab. Mißtrauisch gegenüber ihrem eigenen Erfolg, wollte sie ihre Karriere selbst bestimmen. Sie weigerte sich, Filme zu machen, um damit Geld zu verdienen. Stattdessen bewarb sie sich bei der renommierten Royal Shakespeare Company. Das Angebot der Gebrüder Taviani, eine Rolle in ihrem *Good Morning Babylonia* zu übernehmen, bewahrte ihre Anhänger davor, sie nur noch auf der Bühne erleben zu können. In dem nostalgischen Epos über zwei italienische Brüder, die nach Amerika auswandern und als Bühnenbildner im Stummfilm-Hollywood zu Erfolg zu kommen, spielte Greta Scacchi ein junges amerikanisches Mädchen, das sich in einen dieser Brüder verliebt und ihn heiratet. Einmal mehr fiel ihre romantische Ausstrahlung auf, die indes nie sentimental wirkt und ihre Charaktere vor der Lächerlichkeit bewahrt. So verlieh sie einer Liebesszene, die in vielen anderen Filmen spekulativ gewirkt hätte, eine Aura der Sensibilität, einen Hauch von großem Gefühl. Ihre noch kleine Rolle in *Good Morning Babylonia* deutete bereits an, daß sich in Greta Scacchi die Wiederkehr der Gefühle ausdrückte.

Ein Liebesfilm wie *Un homme amoureux,* der in seiner Antiquiertheit auf der Grenze zum Kitsch balancierte, stürzte dank ihrer Präsenz nie ab, sondern faszinierte durch seinen Mut zur unbedingten Romantik. »La Scacchi«, wie sie inzwischen genannt wurde, spielt eine junge Schauspielerin, die sich in den

214

Eine Diva im Spiel mit alten Männern. Joss Ackland und Trevor Howard zeigen die richtige Haltung. *White Mischief.*

Star des Films, in dem sie mitwirkt, verliebt. Eine Liebe, die sich über alle Grenzen hinwegsetzt, die die junge Frau ihr bisheriges Leben aufgeben läßt, um nur ihrer Leidenschaft zu leben. Eine Liebe aber auch, die ohne Happy-End bleibt, denn am Ende kehrt der Star doch zu seiner Familie zurück. Greta Scacchi spielte ihre Rolle wie die großen romantischen Heldinnen des Kinos. Ihre erotische Anziehungskraft leitet sich nicht von ihren zweifellos vorhandenen und immer wieder vorgeführten körperlichen Reizen her, sondern von ihrer Präsenz, die bedingungslose Hingabe und große Liebe ausstrahlt. Ein Augenschlag genügt, um einen emotionalen Zustand zu verdeutlichen. Ein vorsichtiges Lächeln kündet von Glück. Ihr Körperspiel ist ein Spiegel ihrer Rollenpsychologie. Sie ist keine Verführerin, kein Opfer, sondern aktiv Beteiligte. Und immer wieder ihr

215

Gesicht, das Schmerz, Freude, Liebe, Enttäuschung ausdrückt und dabei nie darstellerische Technik erkennen läßt. Greta Scacchi ist das erotische Symbol einer neuen Romantik, aus gelebter Überzeugung und nicht aus mimischer Spekulation. In *White Mischief,* einem Epos über die Dekadenz der britischen Kolonialherren in Kenia Anfang der vierziger Jahre, spielte Greta Scacchi die junge, lebenslustige Frau eines alten, reichen Lords, der seine afrikanischen Ländereien verkaufen will, um dem drohenden Brankrott zu entgehen. In dieser Enklave weißer Überheblichkeit lernt sie einen jungen britischen Offizier und verarmten Adligen kennen, der der lokale Playboy ist und die Langeweile durch Sexabenteuer mit den anwesenden Frauen tötet. Am Ende bringt ihm das den Tod. Greta Scacchi brauchte sich nicht sehr zu verwandeln, um die natürliche Eleganz einer mondänen Frau zu spielen. Im Stile einer wahren Diva beherrschte sie die Leinwand, war Verführerin und Verführte zugleich. In der Hitze Afrikas bewahrte sie dabei die Künstlichkeit einer Zelluloid-Göttin, deren perfekte Erscheinung der Staub nicht zerstörte. Je irrealer sie schien, desto wirklicher wirkte sie im Kino. Eine Reminiszenz an die Illusion der Traumfabrik.

Der Film unterstrich die Ausnahmeerscheinung von Greta Scacchi im Kino der achtziger Jahre. Auch ihr Privatleben, das sie vor der Öffentlichkeit verschließt und das keine Skandale kennt, prädestiniert sie dazu, mehr als ein Star zu sein. Sie ist vielleicht die einzige wirkliche Göttin der Leinwand. Ein Idol, das sich seine Natürlichkeit und Frische bewahrt hat und nur in dem Maße den gefallenen (Scham-)Grenzen des Films huldigt, in dem es die Dramaturgie erfordert und es der veränderten Moral entspricht. Greta Scacchi ist eine Darstellerin, die den Kinobesuch zu einem Erlebnis werden läßt und die den Zuschauer in ein Liebesverhältnis mit ihrer Gestalt verwickelt.

Filme

1982
Das zweite Gesicht
Regie: Dominik Graf, mit Thomas Schücke

1985
The Coca-Cola Kid (Coca-Cola Kid)
Regie: Dusan Makavejev, mit Eric Roberts

1986
Good Morning Babylonia (Good Morning Babylon)
Regie: Paolo und Vittorio Taviani, mit Vincent Spano

1987
Un homme amoureux (A Man in Love)
Regie: Diane Kurys, mit Peter Coyote
White Mischief (Die letzten Tage in Kenya)
Regie: Michael Radford, mit Charles Dance

1988
Fürchten und Lieben/Paura e amore
Regie: Margarethe von Trotta, mit Fanny Ardant

1990
Presumed Innocent
Alan J. Pakula, mit Harrison Ford

Kathleen Turner
Die heiß-kalte Frau

Sie ist einer der Superstars in Hollywood. Doch mehr als jede ihrer Konkurrentinnen besitzt sie Sexappeal. Und dies in ebenso reichem Maße wie schauspielerisches Vermögen. Kathleen Turner wird von den Frauen bewundert und von den Männern vergöttert. Sie ist ein Star, weil sie die nötige Aura besitzt. »Nennen Sie es ›Star-value‹, nennen Sie es das gewisse Etwas, sie ist voll davon, es strömt förmlich aus ihr heraus«, beschrieb der Regisseur John Huston ihre Qualitäten. Seitdem sie 1981 zum ersten Mal auf einer Leinwand zu sehen war, wird Kathleen Turner von den Kritikern bejubelt, von den Zuschauern verehrt. Sie hat Glamour, doch sie ist keine Diva. Was sie so faszinierend macht, ist ihre Mischung aus heißblütiger Erotik und kalkulierender Professionalität.

Gleich ihr erster Film definierte das Image von Kathleen Turner. *Body Heat,* das Regiedebüt von Lawrence Kasdan, dem Drehbuchautoren von *Star Wars* und *Indiana Jones,* war ein Thriller in der Tradition der besten *Films noirs.* Die Tage sind unerträglich heiß in Florida und die Nächte schweißtreibend schwül. Leidenschaft liegt über der Stadt und – Mord. Bei einem Freiluftkonzert begegnet der junge Anwalt Ned Racine (William Hurt) der mysteriösen Schönheit Matty Walker (Turner). Er versucht, mit ihr zu flirten, doch blitzt erst einmal ab. In einer Bar trifft er sie wieder, und dieses Mal hat er mehr Glück. Doch schon hier ist er, ohne es zu wissen, in eine Falle getappt. Matty ist mit einem reichen Unternehmer verheiratet und oft allein zu Hause. Ned folgt ihr, wie von Sinnen von der offen sexuellen Ausstrahlung Mattys. Die aber schickt ihn von ihrer Haustür fort. Innen jedoch wartet sie darauf, daß Ned zurückkommt. Und tatsächlich, Ned ist ihr schon verfallen. Er bricht die Tür auf, und vor ihm steht Matty. In einer hauchdünnen Bluse und einem knallengen Rock. In ihrem Blick Lust und gespielter Schrecken, ihre Nasenflügel beben, ihr Atem ist schwer, ihre Lippen sind feucht und leicht geöffnet. Beide reißen sich die

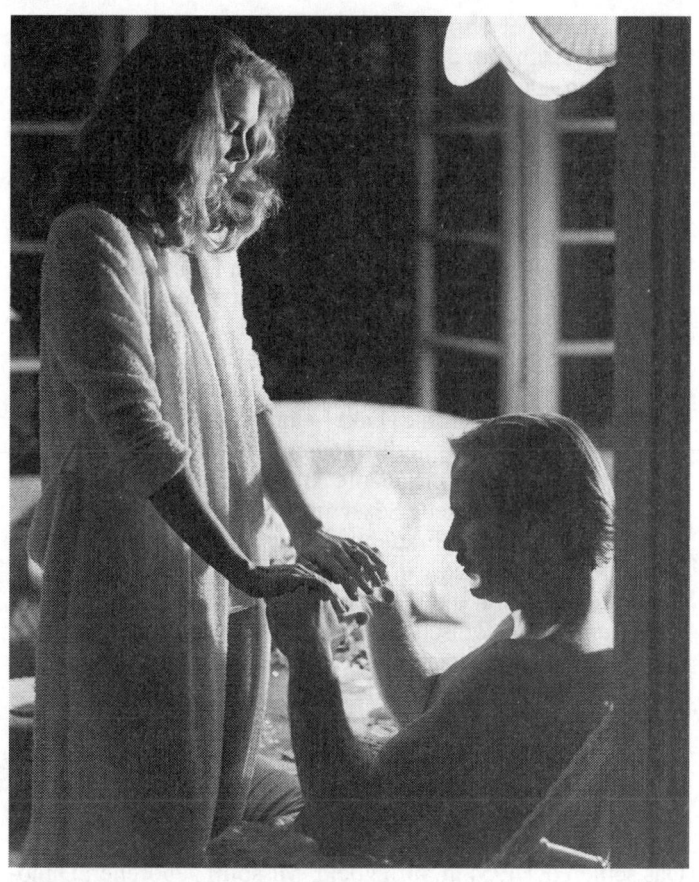

Leidenschaftliche »Bitch Goddess« – eine Femme fatale voll sprühender Erotik. In *Body Heat* mit William Hurt.

Kleider vom Leib und lieben sich noch in der Eingangshalle, von wilder Leidenschaft überwältigt. Auch ihre folgenden Begegnungen verlaufen nicht weniger leidenschaftlich. Doch Mattys Mann ist ihrer Liebe im Weg. Sie verführt Ned dazu, selbst einen Mord als Ausweg vorzuschlagen. Es soll wie ein Unfall aussehen. Der Plan wird in die Tat umgesetzt. Es sieht so aus, als wäre

Mattys Mann bei dem Versuch, eines seiner Abbruchhäuser in Brand zu setzen, um die Versicherung zu betrügen, ums Leben gekommen. Doch ein wichtiges Detail fehlt, seine Brille. Ned erkennt durch einen Zufall, daß alles, vor allem seine Mitwirkung geplant war. Er wandert schließlich allein ins Gefängnis, denn Matty ist mit dem ganzen Geld ihres Mannes verschwunden.

Was in seinem Plot an solche Meisterwerke der Schwarzen Serie wie *The Postman Always Rings Twice* oder *Double Indemnity* erinnert, steht auch in seiner erotischen Spannung nicht hinter diesen zurück. Die unbekannte Kathleen Turner wurde über Nacht zu einem Star und sogleich mit solchen Femmes fatales wie Lana Turner oder Barbara Stanwyck verglichen. Oder mit Lauren Bacall und Veronica Lake – Frauen, deren laszive Erotik, äußerlich so kühl und innerlich so heiß, auch von der Turner auf eine unvergleichlich nonchalante Art dargeboten wurde. Sie war auf einen Schlag das neue Sexsymbol der achtziger Jahre, löste sie doch einen herben Frauentypus aus der Arbeiterschicht ab, wie er sich kondensiert in einer Darstellerin wie Sally Field wiederfand. Sie war die Wiedergeburt des Vamps, männerverschlingend und zynisch, mit tiefer rauchiger Stimme und mythenträchtiger Aura. »Bitch Goddess«, göttliches Miststück, wurde sie betitelt. Die Männer lagen ihr zu Füßen. Und dies nicht aufgrund ihrer körperlichen Vorzüge. Denn abgesehen von ihren langen, langen Beinen hat Kathleen Turner mit Stupsnase und flachem Busen kaum etwas von einer Titelseiten-Schönheit vorzuweisen. Doch sie hat – im Unterschied zu vielen anderen – eben »Star-value«.

Das schien der 1954 in Springfield, Missouri geborenen Diplomatentochter nicht eben in die Wiege gelegt worden zu sein. Der Beruf ihres Vaters brachte es mit sich, daß Kathleen und ihre Geschwister die ganze Welt kennenlernten, aber kein richtiges Zuhause hatten. Ihre Eltern versuchten dies durch eine großbürgerliche Erziehung auszugleichen. Der Beruf der Schauspielerin gehörte nicht zu ihren Vorstellungen einer kulturell wertvollen Tätigkeit. Nach dem plötzlichen Tod ihres Vaters besuchte Kathleen, die sich schon als Teenager von der Schauspielerei angezogen gefühlt hatte, die Southwest Missouri State Univer-

220

sity, wo sie allein schon durch ihren unamerikanischen Akzent auffiel. Auch sonst entsprach sie nicht dem Bild einer amerikanischen Studentin aus der Provinz. Die Jahre ihrer Kindheit und

Star-value: Das gewisse Etwas machte Kathleen Turner zum aufregendsten erotischsten Vamp im Kino der 80er Jahre.

221

frühen Jugend im Ausland hatten unzweifelhaft ihren Eindruck hinterlassen. Tatsächlich zeichnet sich auch heute noch der Star Kathleen Turner durch seinen darstellerischen Mut aus, der, vor allem was die Freizügigkeit erotischer Szenen betrifft, eher bei europäischen Schauspielerinnen zu finden ist, die keine Probleme mit einer ihnen anerzogenen Prüderie haben. Was die Sexualität anbelangt, sind die USA prüder (und bigotter) als jeder stramme Katholik.

Schon auf dem College begeisterte Kathleen Turner als Schauspielerin. Das Theater bedeutete für sie eine strenge Lehrzeit. Hier eignete sie sich in Stücken von Tchechov bis Williams jenen Professionalismus an, der sie heute auszeichnet. Und sie spürte, daß Schauspielen etwas mit Atmosphäre zu tun hat. In New York, ihrer nächsten Station, mußte sie zunächst als Kellnerin jobben, bevor sie eine Rolle in der Seifenoper *The Doctors* bekam. Nach achtzehn Monaten war sie es leid und verließ die Serie. Es war der entscheidende Schritt in ihrer märchenhaften Karriere. Den Gerüchten zufolge, die sich schnell um einen glamourösen Star ranken, bekam sie die Rolle der Matty in *Body Heat* dadurch, daß sie ihren kürzesten Minirock anzog und sich beim Vorsprechen auf den Schreibtisch des Regisseurs setzte. Der konnte nicht anders, als sie für seinen Film zu engagieren. Der Rest ist Geschichte.

Vielleicht war es aber auch für ihren zweiten Film, daß sie sich den Minirock überstreifte und sich dem Regisseur ans Bein klammerte. Denn Kathleen Turner wählte ihre Rollen bewußt. Zwar flatterten ihr nach ihrem sensationellen Debüt die Angebote überreich ins Haus, doch noch einmal die Rolle des männerverschlingenden Vamps zu spielen, interessierte sie nicht. In der Komödie *The Man With Two Brains* verkörperte sie an der Seite von Steve Martin erneut eine gefährliche Lady, aber diesmal mit komischem Akzent. Selbstbewußt parodierte sie ihr frisches Image des Vamps, mit der ihr eigenen Lust an der Destruktion. Den Ruf, Hollywoods vielseitigstes Sexsymbol zu sein, erwarb sie sich anschließend in dem Welterfolg *Romancing the Stone,* in dem sie sich neben Michael Douglas von einer steifen, träumerischen Schriftstellerin in eine harte Abenteurerin verwandelte. Mit spürbarer Lust schockierte sie anschließend

Eine Karrierefrau hat ein Geheimnis. Nachts heißt sie »China Blue«.

EIN KEN RUSSELL FILM
KATHLEEN TURNER
ANTHONY PERKINS

China Blue
BEI TAG UND NACHT

Bis an die Grenzen des Exhibitionismus.

das Hollywood-Establishment mit ihrer Hauptrolle in *Crimes of Passion,* den der britische Regie-Exzentriker Ken Russell inszenierte. Mit einer für das prüde Amerika schockierenden Freizügigkeit spielte sie eine elegante Karrierefrau, die sich nach Feierabend eine silbrige Perücke und einen hautengen Fummel anzieht und als Nutte arbeitet. China Blue heißt sie da und erfüllt nur ausgefallene Männerwünsche, die Russell mit klammheimlicher Lust in Szene setzte. Wie kein anderer Hollywood-Star ging Kathleen Turner da an die Grenzen des Exhibitionismus', getreu ihrer Devise, immer nur extreme Herausforderungen anzunehmen, die sie dann mit souveräner Professionalität

223

erledigte. Frauencharaktere, die ein Doppelleben führen, haben es ihr dabei besonders angetan. Auch in der sarkastischen Gangsterkomödie *Prizzi's Honor* stellte sie ihre umwerfende Vielfältigkeit und ihren faszinierenden Sexappeal unter Beweis. Als Profi-Killerin wird sie auf einen etwas tumben Kollegen von der Mafia angesetzt. Bevor sie ihn aber umzubringen versucht, verdreht sie ihm solange den Kopf, bis er über sie herfällt, was ihr offenbar großen Spaß macht. Auch hier wieder ein Doppelleben. Die Oberfläche der Filmfiguren von Kathleen Turner täuscht. Nie sind sie, was sie scheinen. Immer gibt es eine unbekannte dunkle Seite, nicht selten bestimmt von Sexualität. Ihr Partner Jack Nicholson aber hatte in Kathleen Turner eine Gegenspielerin gefunden, die ihn glatt aufs Kreuz legte. Ihre Liebesszene verdeutlichte den Zusammenhang von Gewalt und Leidenschaft. Auch in dem italienischen Psychothriller *Giulia e Giulia* zeigte sie, zu welchem Ausdruck sie gerade in Liebesszenen fähig ist. Es war zugleich der einzige Höhepunkt in einem sehr konfusen Streifen. Giulia (Turner) folgt einem mysteriösen Fotografen (Sting) ins Hotel, wo sie recht bald im Bett liegen und sich ekstatisch lieben.

Wie schon in *Crimes of Passion* oder den Liebesszenen in *Prizzi's Honor* erlaubte sie auch hier den Blick hinter die Fassade des Vamps. Kaum eine andere Darstellerin vermag ungezügelte Leidenschaft so erregend zu spielen wie Kathleen Turner. Die destruktive Seite dieser Leidenschaft spielte sie mit Genuß in dem Ehedrama *The War of the Roses* aus.

Eines Tages stellt Barbara Rose fest, daß sie ihren Ehemann (Michael Douglas) abgrundtief haßt. Als er sie schlägt, ist der Krieg eröffnet. Barbara führt ihn vor allem mit messerscharfen Dialogen, die ihren Yuppie-Ehemann zum Zwerg degradieren. Die eheliche Auseinandersetzung eskaliert bis zum bitteren Ende, die einzelnen Schlachten werden mit zynischer Schärfe und zunehmender Destruktionslust geführt. Fast ist man geneigt zu glauben, daß Kathleen Turner ihr Image als männerverschlingende Femme fatale auf eine böse Art und Weise sowohl bestätigen wie lustvoll zerstören möchte. Wenn sie ihren Mann in die Beinschere nimmt und mit wilder Lust dessen Spielzeug, einen Morgan-Oldtimer überrollt, dann hat sie die

224

Ausstrahlung einer mordlüsternen Göttin, einer »Bitch Goddess«. »Barbara ist eine neuartige Filmfigur», begründete Kathleen Turner ihre Wahl. »Sie kennt keine Regeln, die sie einschränken, und keine Grenzen. Deshalb kann sie nicht sagen, daß sie dies nicht tun sollte.« (In: Premiere, November 1989) Diese gespaltene Aura der Kathleen Turner verhindert, daß sie die Sympathien der Zuschauer verliert. Jede ihrer Schandtaten sieht man mit derselben Lust, mit der sie sie begeht. Es ist auch die Lust an der Provokation, es ist Mordlust, die ihr aus den Augen blitzt. Die Erotik der Kathleen Turner ist immer auch geprägt von der Gefahr, von ihr aufgefressen zu werden. Die Schauer dürfen ungeniert den Rücken runterlaufen.

Das funktioniert auch und gerade auf der Bühne. Mit sensationellem Erfolg stand Kathleen Turner in dem Ehekriegs-Klassiker »Die Katze auf dem heißen Blechdach« ihre Frau. Ihre expressive, fast aggressive Spielweise sorgte dabei für Unruhe. »In einem lavendelfarbenen Unterrock steht sie«, schrieb »Der

Aus der heißkalten Frau wurde die unberechenbare Gattin. *The Accidental Tourist* mit William Hurt.

225

Spiegel«, »auf der Bühne des ehrwürdigen Eugene-O'Neill-Theaters in der 49. Straße am Broadway; die Haare in den Nacken geworfen, die Beinmuskeln angespannt, bereit für die 600 potentiellen Liebhaber im Parkett und auf den plüschigen Rängen.«

Einen der stärksten Beweise für ihre erotische Ausstrahlung gab Kathleen Turner während ihrer Schwangerschaft. In der phantasievollen Mischung aus Real- und Animationsfilm *Who Framed Roger Rabbit* übernahm sie die Stimme von Jessica, jener ungemein verführerischen Nachtclubsängerin mit den aufregenden (gezeichneten) Kurven, die mit ihrem rauhen Timbre die Männer, die realen wie die gezeichneten, um den Verstand bringt. »Wenn du genügend abnimmst, um deinen Arsch zu behalten, verliert dein Gesicht, aber wenn das Gesicht gut ist, kannst du den Arsch vergessen«, meinte Kathleen Turner über ihr Image. »Du wählst. Ich glaube, ich werde das Gesicht wählen.« Was einmal mehr zeigt, daß die Erotik einer Sexgöttin nicht ausschließlich von ihren körperlichen Vorzügen abhängt.

Filme

1981
Body Heat (Heißblütig-Kaltblütig/Eine heißkalte Frau)
Regie: Lawrence Kasdan, mit William Hurt

1982
The Man With Two Brains (Der Mann mit den zwei Gehirnen)
Regie: Carl Reiner, mit Steve Martin

1983
Romancing the Stone (Auf der Jagd nach dem grünen Diamanten)
Regie: Robert Zemeckis, mit Michael Douglas

1984
Crimes of Passion (China Blue – Bei Tag und Nacht)
Regie: Ken Russell, mit Anthony Perkins
Prizzi's Honor (Die Ehre der Prizzis)
Regie: John Huston, mit Jack Nicholson

1985
Peggy Sue Got Married (Peggy Sue hat geheiratet)
Regie: Francis Coppola, mit Nicolas Cage

1986
Giulia e Giulia (Julia und Julia)
Regie: Peter Del Monte, mit Sting

1988
The Accidental Tourist (Die Reisen des Mister Leary)
Regie: Lawrence Kasdan, mit William Hurt

1989
The War of the Roses (Der Rosenkrieg)
Regie: Danny De Vito, mit Michael Douglas

Vanity
Dunkle Exotin

Bekannt wurde die als Denise Matthew 1959 im kanadischen Niagara Falls geborene Vanity zuerst als Gespielin des Pop-Narziß' Prince. Doch bereits seit ihrem fünfzehnten Lebensjahr arbeitete sie in der Showbranche. Zunächst als Fotomodell, dann auch mit kleinen Parts in Filmen wie *Tanja's Island.* Dort konnte man sie unter dem Pseudonym D. D. Winters ziemlich unbekleidet sehen. Auch später zierte sie sich nicht, ihren schönen Körper nackt in Männermagazinen oder Filmen vorzuführen, was die begrenzten schauspielerischen Fähigkeiten eingestandenermaßen ansehnlich überdeckte.

1980 machte sie einen großen Sprung nach vorne. Die dunkelhäutige Schönheit lernte auf der Verleihung der »American Music Awards« den Rockstar Prince kennen, der das junge Fotomodell mit gesanglichen Ambitionen in seinen Dunstkreis aufnahm. Von ihm lernte sie eine Menge, spielte sie doch in der von ihm ins Leben gerufenen Band »Vanity 6«. Doch Vanity entzog sich bald dem Einfluß des Popstars, mit dem sie auch privat verbunden war. So spielte nicht sie die weibliche Hauptrolle in dessen autobiographischer Selbstdarstellung *Purple Rain,* sondern eine gewisse Appolonia, nur mehr eine Kopie von Vanity.

In der Folge gelang es Vanity, sich als farbiges Sexsymbol auch bei einem weißen Publikum Anhänger zu verschaffen. Die Filme, die sie als Vehikel dabei benutzte, ließen allerdings erkennen, daß sie Schwierigkeiten hat, entsprechende Rollen angeboten zu bekommen oder zu finden. In dem abstrusen Tanz-Kung-Fu-Film *The Last Dragon* spielte Vanity eine Video-Disco-Prinzessin, die mit einem Video-Produzenten in eine Auseinandersetzung gerät, aus der sie ein smarter Kung-Fu-Kämpfer errettet, nachdem er sich Bruce-Lee-Videos angeschaut hat. Vanitys Auftritte waren nur dann ansprechend, wenn sie ihren Körper zur Geltung bringen konnte. Der Film gab ihr keine Gelegenheit, darstellerische Fähigkeiten auch nur

Erotische Exotin für die weiße Mittelschicht. *Action Jackson.*

andeuten zu können. Von Beginn ihrer Hollywood-Karriere an wurde sie zur erotischen Exotin abgestempelt.

Auch in dem desaströsen *Never Too Young To Die* blieb Vanity als reizvolle Exotin das Opfer ihres Images. Sie spielt in dem ungeheuer gewalttätigen Streifen eine Agentin, die mit dem Sohn ihres ermordeten Partners dessen Mörder, einen größenwahnsinnigen Psychopathen, zur Strecke bringt. Der Film, der sie meist in knappen Kleidern und mit tiefen Dekolletés auftreten ließ, besaß seinen erotischen Höhepunkt in einer Verführungsszene. Natürlich verliebt sich die Agentin Vanity in den hübschen Sohn ihres Ex-Partners, zusätzlich gereizt durch dessen offensichtliche sexuelle Unerfahrenheit. So beginnt sie eines Tages, als beide allein auf einer Veranda sitzen, langsam ihre Kleider abzustreifen. Nur mit einem knappen Bikini bekleidet, legt sie sich auf eine Sonnenliege, um weniger später

Höhepunkt im Action-Thriller *52 Pick-up:* Vanitys Striptease.

ihr Oberteil abzunehmen. Dabei wirft sie immer wieder kokette Blicke und leckt sich mit der Zunge über die Lippen, was offenbar verführerisch wirken soll, doch etwas von billiger Anmache hat. Als sie schließlich dann noch aufsteht und sich mit einem Schlauch abduscht, ist es um den Jungen ebenso geschehen wie um den Zuschauer, dessen Vorstellungen von kunstvoll erotischer Verführung zurechtgestutzt werden auf das Niveau eines Pin up-Magazins. Vanitys Karriere war mit diesem Streifen in eine Richtung abgedriftet, mit der auch sie selbst nicht zufrieden sein konnte. Ihr Körper war immer mehr zur Ware geworden, die mit jeder weiteren Vorführung an Glanz und Ausstrahlung abnahm.

Die Versinnbildlichung dessen fand sich in dem Erpressungs-Thriller *52 Pick-up.* Vorlage dafür war der Roman von Elmore Leonard. Inszeniert von John Frankenheimer, erzählt der Film, wie sich eine Bande von Erpressern aus dem Sexshop-Milieu

230

Erotische Queen der B-Movies. Exotische Sexualität, die anmacht. *Action Jackson.*

einen Industriellen, der einen kleinen Seitensprung gemacht hatte, als Opfer auswählt. Doch der schlägt zurück. Mittel zum Zweck ist beiden Seiten die Stripperin Doreen (Vanity), zugleich ein ansehnlicher Lockvogel. Höhepunkt des spannend gemachten Thrillers sind dann auch nicht die Action-Sequenzen sondern Vanitys Strip-Einlagen, die sie mit überzeugender Könnerschaft auf die Bühne legt. Studiert hatte sie ihren Auftritt in einschlägigen, billigen Sexclubs, in denen der Film auch gedreht wurde. Obgleich sie darin eine starke Vorstellung gab, gelang es Vanity immer noch nicht, sich als Schauspielerin zu profilieren. Einmal mehr bestätigte sie ihr Image als hübsch anzuschauende Exotin, deren erotische Ausstrahlung indes nichts Göttliches aufwies. Genau dies scheint ihr Stellenwert im US-Kino der achtziger Jahre zu sein.

»Ich bin mit einem guten Aussehen gesegnet und halte mich deswegen für glücklich. Ich gebe damit nicht an, aber ich benutze es zu meinem Vorteil«, schätzte Vanity einmal ihren Stellenwert richtig ein.

Auch in dem Krimi *Action Jackson,* der das Genre des schwarzen Polizeifilms à la *Shaft* wieder aufleben lassen sollte, konnte sie ihr Image nicht entscheidend verändern. Zwar mußte sie sich einmal nicht entkleiden, doch blieb sie in ihrer Rolle als drogenabhängige Nachtclubsängerin, die zur Gehilfin des Polizisten Action Jackson wird und dadurch ihre Sucht überwindet, recht farblos. Sie vermochte nicht, sich als Schauspielerin nennenswert in Szene zu setzen. Ihr hüftschwingender, lasziver Nachtclubauftritt zeigte immerhin, daß sie als Sängerin zu beeindrucken weiß.

Es wird schwer werden für Denise Matthews alias Vanity, sich im Kino der neunziger Jahre zu behaupten. Ihr schöner Körper, ihre hellbraune Haut allein, genügen nicht, die fehlende Leinwandpräsenz zu ersetzen. So bleibt sie nur das Objekt eines voyeuristischen Kinos, das immer wieder neue Attraktionen benötigt.

Als eine erotische Queen der B-Movies aber könnte sie sich einen dauerhaften Namen machen, könnte den Voyeurismus der Zuschauer zu ihrer Stärke machen.

Filme

1985
The Last Dragon (Tanz des Drachen)
Regie: Michael Schultz, mit Taimak

1986
Never Too Young To Die (Lance – Stirb niemals jung)
Regie: Gil Bettman, mit John Stamos
52 Pick-up (52 Pick-up)
Regie: John Frankenheimer, mit Roy Scheider

1987
Action Jackson (Action Jackson)
Regie: Craig R. Baxley, mit Carl Weathers

Sigourney Weaver
Männliche Kraft

Sie ist, wenn es so etwas gibt, ein Star der zweiten Reihe. Sigourney Weaver, hochaufgeschossen und schlaksig, versprüht keinen Glamour. Sie ist kein Star, dessen Erscheinung zum Träumen verleitet. Immer wieder auch verblüfft sie durch die Unterschiedlichkeit, die sich nicht mitteilt, dennoch aber ihren eigenen Charakter hat. Sigourney Weaver ist wohl keine Göttin, doch sie verfügt über einen Sexappeal, der nicht auf dem rein äußerlichen Attribut makelloser Schönheit beruht. Ihr Körper wirkt bei seiner Größe immer ein wenig ungelenk, doch die meisten Männer müssen zu ihr aufsehen. Sie hat keine Traumfigur, ihr Gesicht ist ein wenig kantig, mit einem kräftigen Unterkiefer, doch sie strahlt jene innere Stärke aus, die ebenso anziehend sein kann wie erotische Verführungskünste.

Gleich in ihrem ersten Film, sieht man von einem winzigen Auftritt in Woody Allens *Annie Hall* ab, spielte Sigourney Weaver eine Frau, deren Stärke, psychisch wie physisch, ungeheuer attraktiv wirkte. In dem Science-Fiction-Horror-Thriller *Alien* war sie als Ripley Teil der Besatzung eines Raumfrachters, der auf dem Rückweg von einem Auftrag auf ein verlassenes Raumschiff stößt und sich dabei das »Alien« an Bord holt. Nach und nach dezimiert dieses, von dem Schweizer phantastischen Maler H.R. Giger kreierte Schleimungeheuer aus einer fremden Welt die Mannschaft des Transporters. Nur Ripley bleibt übrig. Sie erfährt, daß all das geplant war und auch sie sterben wird. In einem verzweifelten Kampf gegen das Ungeheuer kann Ripley auf eine Raumfähre fliehen. Doch auch dort ist schon der »Alien«. Erneut muß Ripley kämpfen, um das Sinnbild des Bösen zu besiegen. Nicht allein der Umstand, daß Ripley – und damit eine Frau in einem Männergenre – als einzige das intergalaktische Desaster überlebt, blieb bemerkenswert an dem von Ridley Scott inszenierten Riesenerfolg. Es war die Besetzung der Rolle mit Sigourney Weaver, die über Nacht zu einem Star avancierte. Sie repräsentierte einen im Kino seltenen

Maskuline Erotik gepaart mit innerer Stärke. Die Weiblichkeit tritt in den Hintergrund.

Frauentypus, der sein Schicksal in die eigenen Hände nahm, sich nicht von Männern als Objekt benutzen ließ und ihnen am Ende sogar überlegen war. Die Erotik von Sigourney Weaver als Ripley, Stellvertreterin des Captains, war nicht auf Verführung angelegt, sondern auf Beherrschung. Ihre Sexualität besitzt eine maskuline Note. Das kantige Gesicht mit dem kräftigen Unterkiefer symbolisierte eisernen Willen, gepaart mit einem intuiti-

ven Verständnis und einer gewissen Sensibilität. Ihr bestimmter Auftritt in *Alien* machte sie zur neuen Amazone des Kinos der achtziger Jahre. 1985 drehte sie eine Fortsetzung mit dem Titel *Aliens,* in dem Ripley mit einer Kampftruppe ins All zurückkehrt, um den wiederauferstandenen Monstern endgültig den Garaus zu machen. Noch eindeutiger spielte sie unter der Regie des Action-Spezialisten James Cameron die kriegerische Amazone, deren Gefühle nur sichtbar werden, als sie ein einsames Kind findet. Bewaffnet mit schweren Kalibern, im Kampfanzug, agiert sie als ein weiblicher Rambo, der in der Schlacht gegen die fremdartigen Wesen als einziger überlebt. Sigourney Weavers erotische Faszination entsteht hier allein aus der Gewalt und dem überlebensgroßen Siegeswillen, den sie ausstrahlt. Es ist eine ambivalente Faszination, die ihrer etwas zwitterhaften Rolle als Mann-Frau entspricht, aber nicht darüber hinwegtäuscht, daß die Erotik der Gewalt eine fragwürdige ist. Doch Sigourney Weaver hatte bereits bewiesen, daß ihre Erscheinung ungleich komplexer ist als die *Alien*-Filme zeigten. Ihre Vielseitigkeit war das Resultat einer Karriereplanung, deren Akzent auf dem Schauspielerischen und nicht dem Äußerlichen liegt.
Die am 8. Oktober 1949 als Tochter des früheren NBC-Präsidenten Pat Weaver und der britischen Schauspielerin Elizabeth Inglis in New York geborene Susan Alexandra gab sich als Vierzehnjährige selbst den neuen Vornamen Sigourney, nach einer Figur aus F. Scott Fitzgeralds Roman »The Great Gatsby«. Sie besuchte die besten Schulen und Universitäten, begann dann während eines Studiums in Stanford Kontakte zu radikalen Theatergruppen aufzunehmen, mit denen sie durch Kalifornien tingelte. Auf der Yale Drama School, an der ein Jahr nach ihr auch Meryl Streep zu studieren begann, fiel die schlaksige Sigourney als Schauspielerin nicht weiter auf, doch lernte sie dort den Komiker und Autor Christopher Durang kennen, in dessen Stücken sie in der Folge häufiger auftrat. Schon bald faßte sie Fuß am Broadway, dem sie bis heute verbunden ist. Denn immer wieder nimmt sie sich zwischen den Dreharbeiten die Zeit, in Theaterproduktionen mitzuwirken. Allerdings nicht immer mit Erfolg. In der Off-Broadway-Inszenierung des »Kaufmann von Venedig« durch ihren Mann,

236

den Regisseur Jim Simpson, den sie 1984 geheiratet hatte, spielte sie die Portia und bekam vernichtende Kritiken. Im Gegensatz zu ihren Filmrollen, die ihr die Bewunderung der Kritik und eine »Oscar«-Nominierung eintrugen.

In dem Thriller *Eyewitness,* ihrem zweiten richtigen Film,

Amazone mit Sexappeal.

237

verkörperte Sigourney Weaver als TV-Reporterin Tony die Traumfrau für den Vietnam-Veteranen Daryll (William Hurt), dem ein Mordfall die Gelegenheit gibt, mit seinem Idol in Verbindung zu treten. Ihrer vornehmen Ostküsten-Abstammung gemäß gestaltet sie ihren Charakter nicht als erotische Verführerin, als die sie allenfalls im Kopf Darylls umherspukte, sondern mit der Distanz der Überheblichkeit. Doch gerade diese Attitüde macht sie für die Männer – es gibt noch den Bösewicht, der sie heiraten will – so anziehend, daß die auch vor Mord nicht zurückschrecken, um sie in ihren Besitz zu bekommen. Obwohl Sigourney Weaver hier zum Objekt wurde, gelang es ihr doch, ihrer Rollenfigur ein Eigenleben zu geben, das diesen Objektcharakter reduzierte. Noch nicht sehr ausgeprägt war dabei ihr Humor, ihr Sinn für Ironie und gelegentlich Sarkasmus, mit denen sie ihre weiteren Rollen ausstattete. In Peter Weirs *The Year of Living Dangerously,* ein spannender Film über einen australischen Journalisten in Djakarta während des Sukarnu-Regimes, verkörperte sie eine britische Diplomatin, die sich kurz vor ihrer Abreise in den von Mel Gibson gespielten Reporter verliebt. Aus Liebe verrät sie ihm ein Geheimnis, das dieser für eine Story mißbraucht. Obwohl sie nur wenige Auftritte hatte, zeigte Sigourney Weaver dennoch ihre darstellerische Ausdrucksbreite. Mit distanzierter Ironie nutzte sie ihre Körpergröße, um eine typisch britische Steifheit zu vermitteln. Doch die ist, wie die Liebesgeschichte beweist, nur eine Fassade. Im Zusammenspiel mit Mel Gibson ließ sie erstmals ihre Fähigkeit aufblitzen, auch erotische Verführerin zu sein. Allein durch Blicke, leise Gesten und Bewegungen gelingt es Sigourney Weaver, eine knisternde erotische Spannung aufzubauen, die sie zunächst noch zurückhalten kann, die dann aber doch ihre inneren Dämme brechen läßt und sie förmlich in die Arme und ins Bett Gibsons treibt. Die Subtilität ihrer Fraulichkeit, ihr langsames Dahintauen angesichts der eigenen Gefühle blieb bislang einzigartig in ihrer Karriere, die nun eine rasante Entwicklung nahm und jedesmal ein neues, unbekanntes Mosaiksteinchen ihrer immer bunter schillernden Schauspieler-Persönlichkeit offenbarte.

In ihren beiden Welterfolgen, *Ghostbusters* und *Ghostbusters II,*

Trotz aller Weiblichkeit dominiert eine Erotik der Stärke. Die Verführung ist nur Pose.

Die Mittel klassischer Verführungskunst geraten in Sigourney Weavers ironischer Darstellung zum lächerlichen Auftritt. *Working Girl.*

mußte sie das Mädchen von nebenan mimen, das durch den Kontakt mit den Geistern zur vampartigen Verführerin wurde. Das gelang ihr zwar recht nachvollziehbar, doch konnte auch sie nicht verhindern, daß beide Male nur erotische Klischees vorgestellt wurden. Tatsächlich ist Sigourney Weaver nicht die Verführerin im seidenen Morgenmantel oder raffinierten Spitzendessous. Ihr fehlt auf der Leinwand, bei aller Fraulichkeit, doch eine gewisse Weiblichkeit. In dem Polit-Thriller *Half Moon Street* etwa spielt sie eine ehrgeizige Wissenschaftlerin, die ihr mageres Einkommen durch einen Job als Luxus-Callgirl aufzubessern versucht. So sind darin nicht etwa jene Szenen von erotischer Wirkung, in denen sie sich nackt in der Wanne oder im Bett räkelt, sondern vor allem jene Auftritte, in denen sie mit spitzer Zunge männlichem Besitzstandsdenken und intellektueller Überheblichkeit eine gewaschene Abfuhr erteilt. In der Komödie *Working Girl* macht sie sich als Karrierefrau Katharine sogar lächerlich, als sie auf die vermeintlich sicheren Mittel

240

klassischer Verführung zurückgreift, um ihre Ziele zu erreichen. Sigourney Weaver ist im Hollywood-Kino der achtziger und neunziger Jahre das Synonym für starke, selbstbewußte Frauen. In ihrer schauspielerisch anstrengendsten und überzeugendsten Rolle als Dian Fossey in *Gorillas in the Mist* etablierte sie sich zudem als eine profilierte Charakterdarstellerin, die mit intensiver Nähe zum Dargestellten ihre Parts gestaltet. Der Film über die auf mysteriöse Weise ermordete Gorilla-Forscherin bewies, daß Sigourney Weavers Stärke nicht in einer erotischen Ausstrahlung liegt, die sich auf einen perfekten, makellosen Körper stützt, der häufig genug zum alleinigen Hauptdarsteller spekulativer Überlegungen wird, sondern auf einer Dominanz und Kraft, die für manche vielleicht abschreckend wirken mag, sie dennoch zu einer attraktiven und ungeheuer anziehenden Frau macht.

Wie kaum ein anderer weiblicher Hollywood-Stars erweist sie sich den Männern als ebenbürtig oder überlegen.

Filme

1978
Alien (Alien – das unheimliche Wesen aus einer fremden Welt)
Regie: Ridley Scott, mit Tom Skerrit

1981
Eyewitness (Der Augenzeuge)
Regie: Peter Yates, mit William Hurt

1983
The Year of Living Dangerously (Ein Jahr in der Hölle)
Regie: Peter Weir, mit Mel Gibson

1984
Ghostbusters (Ghostbusters – die Geisterjäger)
Regie: Ivan Reitman, mit Bil Murray, Dan Aykroyd

1986
Half Moon Street (Half Moon Street)
Regie: Bob Swaim, mit Michael Caine
Aliens (Aliens – Die Rückkehr)
Regie: James Cameron, mit Michael Biehn

1988
Gorillas in the Mist (Gorillas im Nebel)
Regie: Michael Apted, mit Bryan Brown
Working Girl (Die Waffen der Frauen)
Regie: Mike Nichols, mit Harrison Ford, Melanie Griffith

1989
Ghostbusters II (Ghostbusters II)
Regie: Ivan Reitman, mit Bill Murray, Dan Aykroyd

Sean Young
Inneres Feuer

Ein Star ist sie auf eine ganz besondere Art. Doch nicht die Filme machten sie berühmt. Sean Young, deren junge Karriere von Beginn an vielversprechend schien, geriet durch einen Skandal auf die Titelseiten der Boulevardpresse, der die Elemente eines klassischen Dramas aufwies: Sex und Crime. Eine Story wie aus einem Drehbuch für *Dallas* oder *Dynasty*. Hollywood und die Klatschpresse hatten in Sean Young endlich wieder eine langvermißte Königin der Gerüchteküche gefunden. Ihre Berühmtheit steigerte sich noch durch die Rollen, für die man sie zuerst engagiert hatte und aus denen man sie dann wieder feuerte. »Es macht sie zu einem Star«, meinte Joel Schumacher, der Regisseur ihres Films *Cousins*. »Man erwähnt heute nicht mehr ›Sean Young‹ und jemand fragt, ›Wer ist das?‹. Sie sagen, ›Sean Young – oh, richtig, sie hat 'ne Schraube locker!‹« (In: Premiere, Mai 1989).

Die am 20. November 1959 in Louisville, Kentucky geborene und in dem Provinznest Oberlin, Ohio, aufgewachsene jüngste Tochter eines Journalisten und einer Filmpublizistin fiel schon früh durch ihre Exzentrik und ihren brennenden Ehrgeiz auf. Sie nahm begeistert Tanzunterricht, doch ihre Lehrer bescheinigten ihr nur durchschnittliches Talent. Sean Young spornte dies umso mehr an. Sie wollte ein Star werden. Nach ihrem Schulabschluß hatte sie dazu alle Chancen. Sie bewarb sich bei einer Modellagentur und wurde engagiert. Ihr gertenschlanker, hochgewachsener Körper, die vollen dunklen Haare und die leidenschaftlich brennenden Augen faszinierten die Fotografen. Sean Young wurde ein Fotomodell, dem man eine große Zukunft prognostizierte. Doch es kam anders. Sean langweilte es, nur Model zu sein, regungslos den Anweisungen der Fotografen zu folgen und die eigene Meinung zurückhalten zu müssen. Schon früh war sie von sich überzeugt und glaubte am besten zu wissen, welche Seite ihre fotogenste war.

Dank der Vermittlung ihrer Mutter kam sie nach dem Abbruch

ihrer kurzen Karriere als Model bei der renommierten Künstler-Agentur ICM unter. Wenig später erhielt sie ihre erste größere Rolle, in dem Merchant-Ivory-Film *Jane Austen in Manhatten.* Der Film erzählte von einem Theaterguru, der, eitel und egozentrisch, eine Gruppe ihm ergebener Jünger um sich schart, die er solange für seine eigenen Zwecke mißbraucht, bis er von seiner Ex-Frau abserviert wird. Sean Young verkörperte in der mißlungenen Sozialsatire die junge, naive Schauspielerin Ariadne, die sich der Meister zur Geliebten macht, bis auch sie aus ihrer Bewunderung aufwacht und ihn verläßt.

Gleich in ihrem ersten Auftritt konnte die leinwandunerfahrene Sean ihre eigentlichen Qualitäten zur Geltung bringen. Die liegen allerdings weniger im schauspielerischen Bereich, dem offenbar enge Grenzen gesteckt sind, als vielmehr in ihrer Persönlichkeit, die von einem leidenschaftlichen, inneren Feuer geprägt ist, das sie zu verzehren droht. Selbst Rollen wie die der schönen, verliebten Replikantin Rachael in *Blade Runner,* die eigentlich Gefühlskälte von ihr verlangen, werden von ihrer erregenden Sinnlichkeit und latenten Leidenschaftlichkeit beherrscht. Bei Sean Young spürt man, daß ihr emotionales Feuer nicht gespielt, sondern echt ist. Das wirkt verunsichernd, manchmal abstoßend, doch auch faszinierend. Sean Young wurde schnell zu einem Geheimtip, weil ihre intensive, verstörend erotische Ausstrahlung selbst Seifenopern wie *Blood and Orchids* den Stempel aufdrückte. »Sie ist alles andere als eine kühle, ruhige und gefaßte Schönheit«, beschrieb sie Joel Schumacher. »Sie ist wie ein Vollblut-Rennpferd. Ihr Körper ist ohne Fett, sie ist genetisch perfekt, aber sie ist ungebärdig und reizbar.« (In: Premiere, Mai 1989) Sean Young zählt wahrlich nicht zu den Sexsymbolen der achtziger und neunziger Jahre, deren herausragendsten Merkmale ihre Formen sind. Sie wurde zu einem Sexsymbol durch ihre Direktheit und ihren fast zynischen Sarkasmus, der die Männer in zwei Kategorien teilt – die Schwachen und die Ebenbürtigen.

Nach einer Reihe von künstlerischen wie kommerziellen Flops, darunter der Fantasy-Film *Dune,* gegen deren Schwächen ihre Ausstrahlung wenig ausrichten konnte, hatte sie einen bravourösen Auftritt in dem Thriller *No Way Out,* der als erster ihren

Die brennenden Augen künden von einem inneren Feuer der Leidenschaft. *Cousins.*

Sarkasmus und ihr Feuer richtig auflodern ließ. Auch wenn Gerüchte von einer Animosität zwischen ihr und dem Star des Films, Kevin Costner, wissen wollten, zählen beider Szenen

245

doch zu den heißblütigsten Liebesszenen der achtziger Jahre. Der Marineoffizier Farrell trifft auf einem Empfang in Washington eine elegant gekleidete Schönheit, die er schon allein wegen der dreisten Art bewundert, mit der sie sich Einlaß verschafft. Während des Empfangs hat er immer wieder Blickkontakt mit der Frau, die – wie er – allein zu sein scheint. Farrell spricht sie an, doch sie läßt ihn abblitzen. Dann aber gesellt sie sich zu ihm, trinkt wie er einen Wodka pur an der Bar. Farrell wird klar, daß er eine Frau vor sich hat, die sich nicht zum Spielzeug der Männer machen läßt. Eine Frau, die zu nehmen weiß und zu geben versteht. Beide verlassen den Empfang. Die Frau schlägt eine Stadtrundfahrt in ihrer Limousine vor. Schon nach wenigen Augenblicken funkt es gewaltig. Noch auf dem Rücksitz ziehen sich beide gegenseitig aus, während der Chauffeur diskret den Blickschutz hochfahren läßt. Berühmt wurde jene Szene, weil sie die Atmosphäre hitziger Wollust ausströmt. Mit ihrer kühlüberlegenen Art, ihrem Sarkasmus, treibt die Frau, deren Namen Farrell immer noch nicht weiß, den Mann in ihre Arme. Sean Young läßt spüren, daß diese Frau hungrig nach Sex ist. Als sie mit ihrer Eroberung für die Nacht vor der Wohnungstür einer Freundin steht, komplimentiert sie diese aus deren eigenen Wohnung heraus, indem sie ihren Pelzmantel abstreift und nackt in das Apartment schreitet – eine unverblümte Metapher für sexuellen Notstand. Erst am Morgen danach sagt sie ihren Namen: Susan. Aus der schnellen Gelegenheit allerdings wird Liebe. Und damit wird es kompliziert, denn das Glück, das Farrell und Susan miteinander genießen, wird jäh unterbrochen. Susan ist die Maitresse des Verteidigungsministers (Gene Hackman), für den auch Farrell arbeitet. Nach einem Wochenende, das Susan und Farrell miteinander verlebt haben, bringt der Minister, rasend vor Eifersucht, seine Geliebte um, die ihm vorher den Laufpaß gegeben hatte. Ausgerechnet Farrell soll jetzt den Mörder suchen. Der Thriller basiert auf dem klassischen Film noir *The Big Clock* (Spiel mit dem Tod), dessen erotische Komponente weit weniger ausgeprägt war als in dem von Roger Donaldson inszenierten *No Way Out*.

Als Susan nach weniger als der Hälfte des Films stirbt, und damit ihre Darstellerin Sean Young nicht weiter auftaucht, gewinnt der

246

Streifen zwar an Suspense, verliert aber sein attraktivstes Moment. Sie verlieh dem Film seine knisternde Erotik. In der Darstellung von Sean Young wurde Susan zu einer körperbewußten, sexuell freien Frau, die ihren Sex gewinnbringend benutzt, dennoch nie an eine Prostituierte denken ließ. Vielmehr erhielt Susan eine sehr menschliche Note, wurde als ein Wesen erkennbar, daß sich nach Wärme und Zuneigung sehnt. Sean Young wurde durch diese Rolle ein Star, der in seiner eleganten Unberechenbarkeit und ungezügelten Lust zum Sexsymbol einer emanzipierten Gesellschaft avancierte. Ein Sexsymbol allerdings auch, das seine Bewunderer vor den Kopf stößt. Ihr Ruf, eine der schwierigsten und gefürchtesten Schauspielerinnen Hollywoods zu sein, erhielt vor allem durch zwei Ereignisse Nahrung.

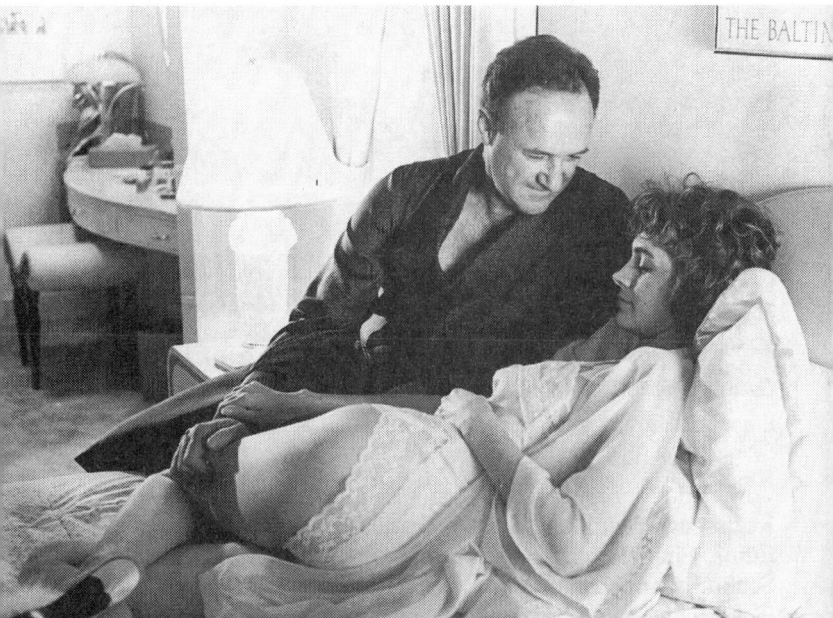

Hungrig nach Sex, mit dem reizbaren Charakter eines Vollblut-Rennpferdes. *On Way Out* mit Gene Hackman.

Eine der schwierigsten aber auch obsessivsten Stars von Hollywood. Sean Young spielt die Leidenschaft nicht nur, sondern lebt sie. In *No Way Out.*

Regisseur Oliver Stone feuerte sie, nachdem sie mit dem Star des Films, Charlie Sheen, einen Streit vom Zaun gebrochen hatte. Schlimmer noch kam es für Sean Young mit *The Boost,* der die Geschichte eines Ehepaares aus kleinen Verhältnissen erzählt, das durch seinen plötzlichen Reichtum Kontakt zur Drogenszene bekommt und in einer Rezession alles wieder verliert.

248

Doch da hat das Rauschgift bereits ihr Leben zerstört. Der klischeebeladene Film fiel zu Recht durch, und Sean, selber mit Alkoholproblemen beschäftigt, wurde in einen Rechtsstreit mit dem Hauptdarsteller James Woods verwickelt. Sie hatte sich in Woods verliebt und der pockennarbige Darsteller war von seiner Partnerin auch angetan, wollte aber nach den Dreharbeiten nichts mehr von ihr wissen. Angeblich, so führte er in seiner Anzeige aus, habe ihn Sean Young daraufhin mit Anrufen, Briefen und anderen Dingen terrorisiert. Grund: krankhafte Eifersucht und enttäuschte Liebe. Der Skandal machte Sean Young tatsächlich zu dem Star, der sie immer sein wollte. Ein Star mit extremen Gefühlen, voller Passion. Allerdings nur für die Klatschpresse, für die sie ein gefundenes Fressen war. Ihre berufliche Karriere aber begann zu leiden. So sollte sie die Vicky Vale in *Batman* spielen, eine Rolle, die dann von Kim Basinger übernommen wurde. Auch eine größere Rolle in Warren Beattys *Dick Tracy* wurde an eine andere Darstellerin vergeben. Verstrickt in private Affären, getrieben von einem unbeugsamen Ehrgeiz, manövrierte sich Sean Young vorläufig ins Abseits, aus dem herauszukommen ihr dennoch leicht fallen sollte. Denn sie ist das Symbol für ungezwungenen Sex und tiefe Leidenschaftlichkeit, die gar zur Obsession werden kann. Ihre laszive Erotik besitzt nichts Verführerisches, wirkt dennoch überaus erregend. Ihre Weiblichkeit versteckt sich hinter ihrem Sarkasmus in Haltung und Blick, doch wird dabei ihre Verletzlichkeit erkennbar. Und genau diese Mischung kann Sean Young zu einer der interessantesten Figuren im Hollywood-Kino der neunziger Jahre machen.

Filme

1979
Jane Austen in Manhatten (Jane Austen in Manhatten)
Regie: James Ivory, mit Anne Baxter, Robert Powell

1982
Blade Runner (Der Blade Runner)
Regie: Ridley Scott, mit Harrison Ford, Rutger Hauer

1984
Dune (Der Wüstenplanet)
Regie: David Lynch, mit Kyle MacLachlan

1986
No Way Out (No Way Out – Es gibt kein Zurück)
Regie: Roger Donaldson, mit Kevin Costner, Gene Hackman

1987/88
The Boost (Der Preis des Erfolges)
Regie: Harold Becker, mit James Woods

1989
Cousins (Seitensprünge)
Regie: Joel Schuhmacher, mit Isabella Rossellini, Ted Danson

DANKSAGUNG

Mein besonderer Dank gilt Karsten Prüßmann in Köln, der so außerordentlich liebenswürdig war, mir sein Archiv zu öffnen und mir unentgeltlich wertvolle Tips lieferte. Außerdem bin Viktoria Bauer (CBS/FOX Video), Claudia Baumhöver (RCA/ Columbia Pictures Video), Katharina Hagn (Highlight Video), Nicola Weiß (Vestron Video) und der Firma Starlight-Video zu Dank verpflichtet, die mir freundlicherweise Ansichts-Kassetten zur Verfügung stellten.
Außerdem Ida für ihre Geduld und ihr Verständnis.

Register

A

Abstieg zur Hölle (Descente aux enfers)
168, 171
Action Jackson 232f
Adjani, Isabelle 22–30, 105, 163
*Alien (Alien – Das unheimliche Wesen
aus einer fremden Welt)* 234, 236, 241
Aliens (Aliens – Die Rückkehr) 241
All That Jazz 142
Allen, Woody 234
Altman, Robert 50, 70
L'Amour Braque 171
Anglade, Jean-Hugues 92
Annie Hall 234
Annies Männer (Bull Durham) 208ff
Aphrodite 121, 123
Arquette, Rosanna 156
Arthur, Karen 136
Atemlos (Breathless) 37, 121ff
Atlantic City, USA 206, 210
Auf das, was wir lieben (A nos amours)
56ff, 63
*Auf der Jagd nach dem grünen Diaman-
ten (Romancing the Stone)* 208, 222,
226
Das Auge (Mortelle randonnée) 28, 31
*Die Augen eines Fremden (Eyes of a
Stranger)* 151, 155
Der Augenzeuge (Eyewitness) 237, 241
Außer Atem (A bout de souffle) 121
Aykroyd, Dan 85f

B

Ballhaus, Michael 180
Barkin, Ellen 32–42
Basinger, Kim 21, 44–53, 249
Batman 54, 249
Beatty, Warren 29, 249
Begierde (The Hunger) 207, 210
Beineix, Jean Jacques 94, 129
Bellocchio, Marco 94, 107
Belmondo, Jean-Paul 166f
*Betty Blue – 37,2 Grad am Morgen
(37°2 le matin)* 92, 94, 97
The Big Town 136

*Blackout – Anatomie einer Leidenschaft
(Bad Timing: A Sensual Obsession)*
196, 201
Blade Runner 244, 249
Der blaue Engel 14
Bleib wie du bist (Cosi come sei) 125, 130
*Blind Date (Blind Date – Verabredung
mit einer Unbekannten)* 53
Blood and Orchids 244
Blue Steel 88, 91
Blue Velvet 190–193
Les Bois noirs 97
Bonnaire, Sandrine 55–63
Bono, Sonny 64ff, 68
La Boum (La Boum – Die Fete) 163, 166,
168ff
*La Boum 2 (La Boum II – Die Fete geht
weiter)* 55, 166, 170
Brando, Marlon 114
Brasseur, Claude 163, 168
Bridge, Beau 179
Bridge, Jeff 179
Bringing up Baby 160
Der Bulle von Paris (Police) 59, 168, 171
Burton, Tim 52
Byrne, Gabriel 41

C

Cameron, James 236
Camille Claudel 30f
Cattle Annie and Little Britches 133
Chabrol, Claude 173, 176, 212
Chastity 68
Cher 64–72, 204, 207
*China Blue – Bei Tag und Nacht (Crimes
of Passion)* 223f, 226
Cleese, John 87f
Close, Glenn 75–82, 185
The Coca-Cola Kid 214, 217
Columbo (TV) 84
Coppola, Francis Ford 128, 134, 136
Costner, Kevin 208, 245
The Cotton Club 134, 138
Country 148
Curtis, Jamie Lee 84–91

252